Edition Akzente

Thomas Strässle

Fake und Fiktion

Über die Erfindung von Wahrheit

Carl Hanser Verlag

1. Auflage 2019

ISBN 978-3-446-26229-4

Umschlag: Peter-Andreas Hassiepen, München
Motiv: © iStock/sumkinn
Satz im Verlag
Druck und Bindung: Friedrich Pustet, Regensburg
Printed in Germany

MIX
Papier aus verantwortungsvollen Quellen
FSC® C014889

Die Schriftstellerin sagte an diesem Abend,
sie sei keine Lügnerin, auch nie eine gewesen,
und die Anwesenden lachten.
Dorothee Elmiger

Inhalt

I

Fake und Fiktion

Ausweitung des Tinder-Denkens

Im Sommer 2017 erschien im Netz ein Browserspiel mit dem Namen *Factitious*, das von der Journalistin Maggie Farley und dem Gamedesigner Bob Hone an der American University in Washington, D. C., entwickelt wurde. Ursprünglich für Schülerinnen und Schüler amerikanischer Middle und High Schools gedacht, wendet es sich aber angesichts der politischen und medialen Aktualität inzwischen auch an das allgemeine Publikum und ist frei verfügbar.[1]

Factitious funktioniert nach der Logik der Dating-App *Tinder* – einfach mit dem Unterschied, dass nicht über mögliche neue Bekanntschaften, sondern über den Wahrheitsgehalt von Nachrichten geurteilt wird: »Can you tell real news from fake news?« Die Geste, mit der die Entscheidung kundgetan wird, ist in beiden Fällen dieselbe: Man wischt nach links, wenn man an jemandem nicht interessiert ist beziehungsweise einer Meldung nicht traut, man wischt nach rechts, wenn das Gegenteil der Fall ist. Wahlweise kann man auch einen Button betätigen: »Swipe right or click ☑ if you think the article is real, swipe left or click ☒ if you think the article is fake.«

Es sind knifflige Meldungen, die auf ihre Faktizität oder ›Faketizität‹ hin beurteilt werden müssen. Die Nachrichten selbst entstammen einerseits seriösen, zuverlässigen Quellen wie *Reuters* oder der *Associated Press*, andererseits satirischen Quellen wie *The Onion* oder der Fake-News-Website *The Alabama Observer*. So meldet zum Beispiel eine Nachricht bei *Factitious* unter dem Titel »Problematic ›President Trump‹ becomes Fake News«:

> Präsident Trump wurde kastriert und ist jetzt Fake News, gemäß Angaben der südafrikanischen Pferdesportbehörde.
> Präsident Trump, ein Rennpferd in Südafrika, erwies sich als nicht renntauglich, sagte sein Trainer Justin Snaith. »Präsident Trump war sehr laut und konnte sich nicht auf seine Arbeit konzentrieren. Ich erlebte ihn als extrem störrisch. Ich erwog Scheuklappen und ein Zungenband, aber er war so unbezähmbar, dass ich keine andere Wahl hatte, als ihn zu kastrieren.«
> Drei Tage, nachdem Präsident Trump kastriert worden war, entschied der Nationale Pferderennverband, eine Namensänderung zu verlangen.
> Sein neuer Name ist Fake News.[2]

Fake News oder Real News? Nach links oder nach rechts? So fabelhaft – im wörtlichsten Sinn – die Story klingt und so überspitzt die Pointe am Schluss: Die Meldung stammt aus einer überaus vertrauenswürdigen Quelle, die bei *Factitious* auch nachgewiesen wird: der *Racing Post*, der führenden britischen Zeitschrift für Pferderennsport, *Horse Racing Cards, Results & Betting*. Dort kennt man keinen Spaß, wenn es um Pferde geht. Fraglich ist höchstens, warum der südafrikanische Pferderennverband eine Namensänderung verlangt, wenn ein Pferd kastriert wird.

Andere Nachrichten dagegen wirken ganz plausibel und sind doch frei erfunden. Von der bekennenden Fake-News-

Website *Adobo Chronicles*[3] stammen beispielsweise die Ergebnisse einer landesweiten Umfrage unter 5000 US-Teenagern im Alter von 13 bis 19 Jahren. Die Frage lautete: »Was weißt Du über G7?« 85 Prozent hätten geantwortet, es handle sich dabei um das neue Smartphone von Google, wohingegen nur fünf Prozent die korrekte Antwort wussten. Wer jünger ist als 13 oder älter als 19 kann auf diese Geschichte leicht hereinfallen.

So raffiniert und amüsant *Factitious* konzipiert ist und mit News beziehungsweise ›News‹ alimentiert wird: Das Spiel bleibt seiner Anlage nach gefangen in einem binären System von wahr und falsch (»Can you tell real news from fake news?«). Es beurteilt jede Meldung ausschließlich nach dem Kriterium ihrer Faktizität. Die Geste des Wischens kennt nur zwei Seiten: nach links oder nach rechts, fake or real.

In diesem eingeschränkten Bewegungsraum spiegelt das Spiel ein Denken in Oppositionen, wie es für die gegenwärtige Debatte über den Fake bestimmend ist: Es operiert ganz selbstverständlich mit dem Gegensatz von *Fake versus Fakt*.[4] Was Fake ist, vergeht sich an den Fakten, und was als Fake entlarvt werden soll, muss daher auf seine Faktizität hin überprüft werden. Faktenchecks und Faktenfinder sollen Abhilfe schaffen in einem Zeitalter, das bereits mit Ausdrücken wie dem *Postfaktischen* oder den *alternativen Fakten* auf den Begriff gebracht wird.

Daran ist nichts falsch, aber es ist auch nur die halbe Wahrheit. Denn das Phänomen Fake lässt sich nicht nur in seinem Gegensatz zum Faktischen betrachten, sondern auch in Hinsicht auf Fiktion. Jeder Fake ist eine Form von Fiktion oder hat zumindest Anteil am Fiktiven. Umgekehrt gilt dieser Satz aber nicht: Nicht jede Fiktion ist auch eine Form von Fake. Es gibt viele Formen der Fiktion (Märchen, Fabeln, Parabeln, fantastische Erzählungen, symbolistische Gedichte, absurde Dramen und so weiter), die keinerlei Anspruch erheben, als faktisch zu gelten, wie der Fake es immer tut. Und das heißt: Der Fake kann auch als eine Untergattung der Fiktion verstanden werden, als eine spezifische Ausprägung von Fiktionalität. Es fragt sich nur, wie sich diese beschreiben lässt und was dies für den Fake bedeutet – für den Fake als Form von Fiktion, wie sie für die Gegenwart politisch äußerst brisant geworden ist.

Die Disziplin, die mit solchen Beschreibungen die längste Erfahrung hat, ist die Literaturwissenschaft – hat sie es doch mit einer Kunst zu tun, die seit mehr als 2000 Jahren, seit Platons wirkungsmächtiger Dichterkritik in der *Politeia,* dem Verdacht ausgesetzt ist, zur Wahrheit in einem problematischen Verhältnis zu stehen, wenn nicht gar eine Form der Lüge zu sein.

II

Dunkler Ursprung
Ach wie gut, dass niemand weiß …

Die Schwierigkeiten mit dem Fake beginnen damit, dass niemand weiß, wo das Wort genau herkommt. Die Etymologie kann keine gesicherte Erklärung geben, bietet aber eine interessante Auswahl an Erklärungsmöglichkeiten. Unzweideutig scheint, dass der oder das Fake ein Anglizismus ist, der es als solcher innert kürzester Zeit in den Duden geschafft hat.[5] Im Deutschen wird das Wort seit Anfang der 1990er Jahre verwendet[6] und ist inzwischen mehr als geläufig, auch wenn ihm seine fremdsprachige Herkunft sofort anzusehen und anzuhören ist.

›Fremd‹ und ›eigen‹ sind allerdings nicht so leicht unterscheidbar: Womöglich stammt der englische Begriff wiederum aus dem Deutschen. So behauptet es jedenfalls der *Oxford English Dictionary*. Auch er, selbst er, kann die Frage nach der Herkunft des Wortes nicht beantworten, wartet aber mit einer erstaunlichen Vermutung auf. Zum Verb *fake*, aus dem sich das gleichlautende Substantiv herleitet, schreibt er:

> Of obscure origin. There appears to be some ground for regarding it as a variant of the older FEAK, FEAGUE, which are prob. ad. Ger. *fegen* (or the equivalent Du. or LG.) to furbish up, clean, sweep.[7]

> [Dunklen Ursprungs. Es scheint einigen Grund dafür zu geben, es als eine Variante der älteren FEAK, FEAGUE zu betrachten, die vermutlich auf das deutsche *fegen* zurückgehen (oder das niederländische oder niederdeutsche Äquivalent), herrichten, reinigen, kehren.]

Faken kommt von *fegen*: Das ist, auch wenn sie nicht auf sicherem Grund steht, eine ebenso überraschende wie anregende etymologische Erläuterung, da sie viele Richtungen andeutet, in die der Fake gedacht werden kann. Das deutsche Verb *fegen* hat, sprachgeschichtlich gesehen, selbst einen Bedeutungshorizont, der uns nur noch teilweise gegenwärtig ist. Das Grimm'sche Wörterbuch schreibt dazu:

> FEGEN, *purgare, mundare, rein oder schön reiben, wie* purgare *zu* purus, mundare *zu* mundus, scheuern = *goth.* skeirjan *zu* skeirs, *gehörig zum goth.* fagrs *aptus, ahd.* fagar *pulcher, ags.* fäger, *engl.* fair, *und nah verwandt mit* fügen, *aptare, ahd.* fuogan, *mhd.* vüegen […].[8]

Gegenstand des Fegens können zum Beispiel Waffen sein: Ein Schwert wird gefegt, damit es scharf sei, wenn es schlachten soll, und es wird gefegt, damit es blinke, wenn es Eindruck machen soll. Man kann aber auch Gold fegen, es also reinigen und läutern, Hirsche fegen ihr Geweih, indem sie es an Bäumen wetzen, wenn sie brünstig sind, mit einem Gläschen Rum kann man den Magen fegen, ihn durchputzen, oder man kann, das ist die heute gebräuchlichste Verwendung des Worts, den Staub oder Unrat fegen, ihn wegmachen, oder umgekehrt den Herd oder den Ofen, um sie von allem zu befreien, was ihre Sauberkeit stört. Ein anderes Wort für *fegen* in diesem Sinne wäre *wischen* – ein Wischen, das in seinem Bewegungsraum frei ist und nicht notwendigerweise nur zwei Richtungen kennt. Swipe or sweep, that's the question.

Gemeinsam ist all diesen Verwendungen, dass die Tätigkeit des Fegens darauf abzielt, etwas zu schärfen oder zu reinigen, um es den eigenen Vorstellungen und Zielen gemäß zu machen. Was gefegt wird, soll danach im doppelten Wortsinn besser *wirken*, im Interesse dessen, der fegt. Im Hinblick auf die Absichten des Fegens ist besonders der Hinweis interessant, es sei »*nah verwandt mit* fügen, *aptare*«. Denn darin wird eine Absicht, die über *fegen* qua *fügen* auch in *faken* steckt, geradezu technisch ausbuchstabiert: Der Grimm umschreibt sie mit den Wendungen »*passend verbinden, wolanschlieszend verbinden, wolanschlieszend fest machen, in verbindung bringen*«, »*genau und fest aufeinander- oder anpassen*«, »*passlich gestalten*« oder »*ordnend gestalten*«.[9] Die Absicht ist klar: Fügen heißt, etwas so zu bearbeiten, *dass es passt* – möglichst so wohlanschließend, dass man es nachher nicht mehr bemerkt.

Es gibt jedoch auch ganz anders lautende etymologische Herleitungen. In seinem Buch über den Fake in Mythos, Literatur und Wissenschaft zitiert Manfred Geier die folgende Variante:

> FAKE, amerik. Slang: Täuschung, Schwindel; so tun, als ob. Abgeleitet aus »factitious« (unecht, künstlich), in dem »factual« (tatsächlich, wirklich) und »fictitious« (eingebildet, erfunden) verbunden sind. Von lat. »facere« (machen) bzw. »fingere« (erdichten); indogerm. »fakli«: was sich machen lässt.[10]

An dieser Worterklärung lässt sich im Grundzug die Dynamik studieren, die den Fake ausmacht. Sie speist sich aus zwei Quellen, wie sie im schwierigen Wort *factitious* zusammenfließen: aus dem *factual* und dem *fictitious*, dem Tatsächlichen und dem Erfundenen, die nicht mehr voneinander loskommen und um die Vorherrschaft streiten. Leitet man den Fake von *factitious* her, wird besonders seine Künstlichkeit betont, wobei künstlich keineswegs künstlerisch heißen muss, sondern eher in Richtung von »Machwerk« oder »Mache« geht. Der *Oxford English Dictionary* paraphrasiert *factitious* mit »made by or resulting from art; artificial« (wie im lateinischen *facticius* = gemacht, künstlich nachgemacht), »made up for a particular occasion or purpose«, »not natural or spontaneous«.[11] Woran auch immer diese Künstlichkeit erkennbar wird: Die Fiktion (*fictitious, fingere*) hat maßgeblichen Anteil daran, mindestens so sehr wie der Fakt.

Am geläufigsten ist *factitious* im Englischen zur Beschreibung eines psychopathologischen Syndroms: der *Factitious Disorder* (*Münchhausen-Syndrom*). Damit ist eine artifizielle Störung gemeint, in der sich eine Person aus innerem Zwang verhält, als ob sie eine körperliche oder geistige Krankheit hätte. Sie tut dies durch absichtliches Erzeugen oder Vortäuschen von physischen oder psychischen Symptomen. Abzüglich seiner medizinischen Implikationen findet sich dieser Aspekt auch in der Definition von Fake, wenn er beschrieben wird mit »so tun, als ob«. Der Fake ist somit auch eine Form der Verstellungskunst, die nach antiker rhetorischer Lehre grundsätzlich zwei Spielarten kennt: die *simulatio*, also zum Beispiel die vorgebliche Übernahme einer anderen Position, oder die *dissimulatio*, also zum Beispiel das Verschleiern der eigenen Position. Man kann nicht nur *so tun, als ob*, man kann auch *so tun, als ob nicht*.

Es fallen in der etymologischen Erläuterung aber noch zwei weitere Wörter, und die sind schwerwiegend: Täuschung und Schwindel. Schwerwiegend einerseits, weil sie Fragen von Ethik und Moral aufwerfen, und andererseits, weil sich daran eine kulturelle Differenz zwischen englischem und deutschem Sprachgebrauch festmachen zu lassen scheint. Es liegen hier offenbar grundlegend verschiedene Vorstellungen vor, wie die einschlägigen Studien aus Kunst- und Kulturwissenschaft betonen. So schreibt Martin Doll in seiner Abhandlung über *Fälschung und Fake*:

> Der englische Begriff *fake* wird etwa gleichbedeutend mit Fälschung (*forgery/counterfeit*) oder Hochstapelei (*imposture*) gebraucht, »a counterfeit person or thing«; »a person who appears or claims to be something that they are not«. Im Deutschen hingegen lässt sich das Fake als eine Verfahrensweise des Fälschens bestimmen, in der die Aufdeckung oder Ent*täuschung* nicht wie beim Letzteren als akzidentiell, sondern als konstitutiv einzustufen ist.[12]

So scholastisch diese Unterscheidung zwischen akzidentiell und konstitutiv auch anmutet: Hier wird eine handfeste moralische Differenz gezogen. Wenn der englische Fake eine Verfahrensweise des Fälschens ist, bei der die Aufdeckung nur ein »akzidentielles«, das heißt zufälliges Moment darstellt, so handelt es sich um eine Form der Täuschung, die ihre unlauteren Absichten möglichst bis zum Ende durchziehen will. Es gehört zu ihrem Programm, unentdeckt zu bleiben. Der deutsche Fake hingegen kennt keine solche Unlauterkeit, er rechnet von Anfang an mit seiner Ent-täuschung: Sie ist für ihn »konstitutiv«, wesentlich. Er ist eine Wette darauf, entdeckt zu werden. Mit anderen Worten: Während der deutsche Fake hinterlistig agiert, kann der englische Fake nicht anders denn als hinterhältig bezeichnet werden.

Ob diese semantische, moralische und kulturelle Differenz zwischen englischem und deutschem Fake heute, wenige Jahre nach ihrer Theoretisierung, noch zutrifft (oder überhaupt je zutraf), ist mehr als fraglich – nicht nur, weil der Fake in jüngster Zeit auch im deutschen Sprachgebrauch eine Hochkonjunktur erlebt hat, die seine Verwendung nicht unbeeinflusst ließ, sondern auch, weil diese Konjunktur unter dem prägenden Einfluss des angelsächsischen und insbesondere amerikanischen Sprachraums stand und sich auf Phänomene bezog, die dort zuerst aufkamen.

III

Amerika gibt es nicht

Wie man mit Falschnachrichten Weltbilder umstürzen kann

Kindergeschichten kommen einfach daher, sind aber nicht zu unterschätzen. Vor allem dann nicht, wenn sie zwar Kindergeschichten heißen, sich jedoch genauso an Erwachsene wenden. Peter Bichsel hat solche Geschichten geschrieben. Einige davon sind sehr berühmt geworden, weil sie die grundlegendsten Fragen auf die einfachste und zugleich vertrackteste Weise aufwerfen, wie zum Beispiel *Ein Tisch ist ein Tisch*.

An einer dieser *Kindergeschichten* (1969) lässt sich auf die einfachste und vertrackteste Weise studieren, wie eine Falschnachricht eine solche Eigendynamik entwickeln kann, dass sie ein ganzes Weltbild erschüttert. Die Geschichte heißt *Amerika gibt es nicht* und steht selbst schon unter dem Vorzeichen der Lüge: Der Erzähler hat sie von einem Mann, dem er kein Wort glaubt und den er unverhohlen als Lügner, als Schwindler, als Fantasten, als Betrüger beschimpft. Und trotzdem erzählt er seine Geschichte weiter.

Sie spielt vor gut 500 Jahren am spanischen Hof. Der König führt ein Leben in Saus und Braus, er hat einen Palast, Gold und Silber, Samt und Seide, Diener und Mägde, Frauen und Freunde, wenn auch vielleicht falsche. Doch der König langweilt sich in seinem verwöhnten Leben, und also hält er sich Hofnarren, die tun dürfen, was sie wollen, und sagen dürfen, was sie wollen, solange sie ihn nur zum Lachen bringen – denn wenn sie das nicht mehr tun, »bringt er sie um oder so«.[13]

Ein Narr folgt auf den andern: Der erste verdreht die Wörter und Buchstaben, der zweite bestreicht die Stühle der erlauchten Hofgesellschaft mit Honig – bis der König ihrer Scherze überdrüssig wird und sie sich vom Hals schaffen lässt. Auch dem dritten Narren, hässlich in seiner Gestalt und grässlich in seinem Lachen, ergeht es nicht besser: Als der König wissen will, ob er selbst vor dem Galgen noch lacht, soll er vor aller Leute Augen aufgehängt werden. Die wollen sich das böse Schauspiel aber nicht ansehen, weil sie sich vor dem entsetzlichen Lachen fürchten, und so steht der König am Tag der Hinrichtung mit dem Narren, dem Henker und den Knechten allein vor dem Galgen.

Da tritt Colombin auf, ein bleicher und braver Junge, ein Simplex, der Einzige, den die Knechte auf Geheiß des Königs herbeischaffen konnten, um die Hinrichtung anzuschauen. Als er den Galgen erblickt, lächelt und staunt er und klatscht in die Hände, und als er das Lachen des Todgeweihten hört, findet er nichts daran. Der König lässt den Narren laufen.

Am Hof halten den Jungen alle für den neuen Narren oder einfach einen Trottel und lachen ihn aus, doch Colombin stört es nicht, ausgelacht zu werden. Auf die Frage des Königs, was er denn werden wolle, weiß er keine Antwort, und als der König auf einen Mann mit ledernem Gesicht deutet und sagt, das sei ein Seefahrer, will auch Colombin Seefahrer werden. Wieder lacht der ganze Hof ob seiner Einfalt, doch Colombin rennt weg, fort aus dem Saal, und ruft: »Ich werde ein Land entdecken, ich werde ein Land entdecken!«[14]

Er sticht nicht in See, sondern versteckt sich wochenlang im Wald hinter Büschen. Am Hof macht man sich schon Sorgen und Vorwürfe, weil man den Jungen immerzu ausgelacht hat, als Colombin endlich zurückkehrt, vor den König tritt und verkündet, er habe ein Land entdeckt. Niemand glaubt ihm, aber aus schlechtem Gewissen hört man ihm zu, auch wenn er weder einen Namen für das neue Land hat noch mehr darüber zu berichten weiß, als dass es weit draußen im Meer liege.

Hier erhebt sich der Seefahrer, Amerigo Vespucci mit Namen, und beschließt, das Land zu suchen. »›Sie fahren ins Meer und dann immer geradeaus, und Sie müssen fahren, bis Sie zu dem Land kommen, und Sie dürfen nicht verzweifeln‹, sagte Colombin, und er hatte fürchterlich Angst, weil er ein Lügner war und wusste, dass es das Land nicht gibt, und er konnte nicht mehr schlafen.«[15]

Wie weit Amerigo Vespucci gekommen ist, weiß niemand, vielleicht hat auch er sich bloß für einige Zeit im Wald versteckt. Als er aber wiederkehrt, trägt sich die folgende Szene zu:

> Colombin wurde rot im Gesicht und wagte den großen Seefahrer nicht anzuschauen. Vespucci stellte sich vor den König, blinzelte dem Colombin zu, holte tief Atem, blinzelte noch einmal dem Colombin zu und sagte laut und deutlich, so dass es alle hören konnten: »Mein König«, so sagte er, »mein König, das Land gibt es.«
> Colombin war so froh, dass ihn Vespucci nicht verraten hatte, dass er auf ihn zulief, ihn umarmte und rief: »Amerigo, mein lieber Amerigo!«
> Und die Leute glaubten, das sei der Name des Landes, und sie nannten das Land, das es nicht gibt, »Amerika«.
> »Du bist jetzt ein Mann«, sagte der König zu Colombin, »von nun ab heißt du Kolumbus.«

> Und Kolumbus wurde berühmt, und alle bestaunten ihn und flüsterten sich zu: »Der hat Amerika entdeckt.« Und alle glaubten, dass es Amerika gibt, nur Kolumbus war nicht sicher, sein ganzes Leben zweifelte er daran, und er wagte den Seefahrer nie nach der Wahrheit zu fragen.[16]

Was heißt hier Wahrheit? Ist sie bloß die Klärung unter den beiden ›Seefahrern‹, wer wie weit gekommen ist? Oder besteht sie nicht vielmehr im Glauben aller an eine Nachricht, die sie gar nicht überprüfen können? In Wahrheit liegt sie in Vespuccis Blinzeln: Sie entsteht durch das vollendete Patt zwischen denen, die sie behaupten, ohne vom andern zu wissen, was er weiß. Sofern sich die gemeinsame Wahrheit durchsetzt, muss auch keiner vom andern die individuelle Wahrheit kennen.

Das Blinzeln lässt sich nicht vereindeutigen, auch für Vespucci nicht, selbst wenn er es zweimal tut. Colombin sieht es vielleicht gar nicht, er kann nicht hinschauen, als Vespucci vor den König tritt. Über ihr Einvernehmen herrscht völlige Unklarheit: Colombin hat eine Falschnachricht in die Welt gesetzt und weiß es; Vespucci kann es nicht wissen, aber umgekehrt weiß auch Colombin von ihm nicht, ob er nun die vermeintliche Entdeckung bestätigt oder nicht doch die Lüge teilt. Und wir wissen es auch nicht.

Aus diesem Patt entsteht ein Pakt, durch den die behauptete Wahrheit so an Glaubwürdigkeit gewinnt, dass sie ein gesamtes Weltbild verändert. Solange die beiden ›Entdecker‹ einander decken, ist ihrer Wahrheit nichts entgegenzuhalten.

Und insofern, nur insofern, ist auch die Geschichte selber wahr, mag sie noch von einem Lügner stammen.

IV

Wie wahrscheinlich ist die Wirklichkeit?
Warum das Unmögliche, das glaubwürdig ist, den Vorzug verdient vor dem Möglichen, das unglaubwürdig ist

Was braucht eine Erfindung, damit sie glaubhaft ist? Die Frage stellt sich, sobald man die Künste in ihrem Wirklichkeitsbezug theoretisiert. Platon hat damit angefangen, sie unter diesem Gesichtspunkt als *Nachahmungen* beziehungsweise *Nachbildungen* zu bestimmen. Diese Auffassung ist nur verständlich vor dem Hintergrund seiner Ideenlehre, die die Wirklichkeit in zwei Welten unterteilt: in die sinnlich wahrnehmbare Welt der Dinge, in der alles dem Wandel unterliegt, und in die sinnlich nicht wahrnehmbare Welt der Ideen, die unwandelbar sind. Das Verhältnis zwischen den beiden Welten ist das der Teilhabe (*méthexis*) und der Nachahmung (*mímesis*): Die sinnlich wahrnehmbaren Dinge haben Anteil an den Ideen, sind aber selber nichts als deren Abbilder. Platon veranschaulicht es am Beispiel eines Tisches oder Bettes: Wenn ein Handwerker einen Tisch oder ein Bett herstellt, so tut er es nach Maßgabe der einen, unveränderlichen Idee des Tisches oder Bettes und schafft damit ein konkretes Objekt, das jedoch nie mehr als ein unvollkommenes Abbild einer vollkommenen Idee sein kann.

In diese Logik haben sich auch die Künstler einzureihen. Sie stehen noch eine Stufe unter den Handwerkern: Zwar ahmen auch sie die Ideen nach, aber nicht wie die Handwerker die Ideen selbst, sondern bloß deren Abbilder. Es ist, als ob beispielsweise der Maler mit einem Spiegel durch die Welt ginge und Gegenstände einfangen würde, die ihrerseits schon Nachahmungen der Ideen sind. Der Maler (und mit ihm alle anderen Künstler, auch die Dichter) befindet sich also in einem doppelten Abstand zur Wahrheit: Er verfertigt nichts als Nachahmungen von Nachahmungen, Abbilder oder sogar Trugbilder von Abbildern, die in höchstem Maße unvollkommen und scheinhaft sind.

Diese Idee der Nachahmung übernimmt Aristoteles von Platon und spitzt sie auf die Dichtung zu. In seiner *Poetik*, der ersten Schrift, die die Dichtkunst als eigenen Gegenstand behandelt, gibt er ihr aber eine ganz andere Wendung: Aristoteles verabschiedet sich vom platonischen Zwei-Welten-Modell und denkt die Dinge von den Prinzipien Form und Materie her, durch die sie sich verwirklichen. Für die Künste hat dies zur Folge, dass sie nicht länger in einem doppelten Abstand zur Wahrheit stehen: Das künstlerische Herstellen wird zu einer eigenen Form handwerklicher Tätigkeit.

Bei aller Aufwertung, die dies für die Autonomie der Künste bedeutet: Auch für Aristoteles bleibt es ihre Aufgabe, die Wirklichkeit nachzuahmen. Es fragt sich nur, was Nachahmung unter diesen veränderten Vorzeichen bedeutet und welche Spielräume sich ihr eröffnen. Um diese Frage kreist die *Poetik* des Aristoteles unentwegt, und es wird immer wieder deutlich, dass er unter der Nachahmung der Wirklichkeit keine sklavische Unterwerfung, keine möglichst getreue Abschilderung der realen Welt versteht. Vielmehr drehen sich seine Überlegungen darum, inwieweit sich die Dichtung an die Wirklichkeit zu binden hat oder sich von ihr lösen darf –

indem sie sie nicht nur abschildert, sondern auch idealisiert oder karikiert.

Besonders anschaulich wird dies, wenn er mit einem Kontrastverfahren argumentiert. Als Gegenstück zur Dichtung gilt ihm die Geschichtsschreibung. Sie hat es in einer verschärften Form mit der Wirklichkeit zu tun:

> Denn der Geschichtsschreiber und der Dichter unterscheiden sich nicht dadurch voneinander, dass sich der eine in Versen und der andere in Prosa mitteilt – man könnte ja auch das Werk Herodots in Verse kleiden, und es wäre in Versen um nichts weniger ein Geschichtswerk als ohne Verse –; sie unterscheiden sich vielmehr dadurch, dass der eine das wirklich Geschehene mitteilt, der andere, was geschehen könnte.[17]

Was geschehen könnte: Es ist nicht ganz einfach, diesen Gegenstand der Dichtung mit ihrer Bestimmung zusammenzudenken, eine Form der Nachahmung zu sein. Zum Glück liefert Aristoteles einen erläuternden Nachsatz, als er die Wendung wiederholt: Aufgabe des Dichters ist es mitzuteilen, »was geschehen könnte, d.h. das nach den Regeln der Wahrscheinlichkeit oder Notwendigkeit Mögliche«.[18]

Damit ist die Auslegeordnung auf dem Tisch: Sie umfasst die Kategorien *wirklich, wahrscheinlich, notwendig* und *möglich*. Man kann es in alle Richtungen drehen und wenden:

- Was wirklich geschieht, muss möglich gewesen sein, aber nicht auch wahrscheinlich oder gar notwendig;
- was wahrscheinlich ist, muss möglich sein, ist aber nicht notwendig;
- was notwendig ist, hat gar keine andere Möglichkeit, als wirklich zu werden;

– und was möglich ist, kann auch wahrscheinlich sein, ist aber nicht notwendig.

Das Mögliche, von dem die Dichtung in ihrem Gegensatz zur Geschichtsschreibung handelt, ist das »nach den Regeln der Wahrscheinlichkeit oder Notwendigkeit Mögliche«. Die Bestimmung legt den Akzent auf den inneren Zusammenhalt der Handlung: Ihre Teile müssen schlüssig auseinander hervorgehen und den Gesetzen von Plausibilität oder gar Kausalität gehorchen. Zwar gibt es für Aristoteles in der Dichtung auch Platz für das Wunderbare (*tò thaumastón*), doch darf es nicht gegen die Naturgesetze verstoßen. Es ist eher ein Unerwartetes als ein Wunderbares in dem Sinn, wie es die moderne Literatur als Fantastisches oder gar Surreales kennt.

Das alles betrifft nur die objektive Seite dessen, wovon die Dichtung handelt. Spektakulär an den Überlegungen des Aristoteles ist, dass er auch die subjektive Seite einbezieht, die Sicht der Rezipienten. Dafür bringt er eine neue Kategorie ins Spiel: die Kategorie der *Glaubwürdigkeit*. Er schreibt:

> Was die Erfordernisse der Dichtung betrifft, so verdient das Unmögliche, das glaubwürdig ist, den Vorzug vor dem Möglichen, das unglaubwürdig ist.[19]

Es ist ein dunkler Satz, über dem man lange brüten kann. Aristoteles wiederholt ihn an anderer Stelle fast wörtlich, ein Anzeichen dafür, wie wichtig er ihm war.[20] Seine Voraussetzungen und Folgen sind beinahe unabsehbar: Wie kann das Unmögliche überhaupt glaubwürdig sein? Und wie das Mögliche unglaubwürdig?

Der Satz treibt die Frage nach dem Wirklichkeitsbezug der Dichtung auf ihre paradoxe Spitze, um den Wirklichkeitsbezug selbst zu lockern. Denn dass das Unmögliche glaubwürdig sei, ist ebenso undenkbar, wie dass das Mögliche unglaubwürdig sei – zumal Aristoteles selbst an einer früheren Stelle in der *Poetik* behauptet, dass »das Mögliche auch glaubwürdig ist«.[21]

Verständlich wird der Satz nur, wenn man bedenkt, dass der Fokus nicht mehr auf der objektiven Schlüssigkeit der Handlung liegt, sondern auf der subjektiven: auf den Möglichkeiten, die die Handlung bietet, sich mit ihr zu identifizieren und sie auf sich zu beziehen. Dazu muss sie glaubwürdig sein, denn nur so kann die Dichtung ihren eigentlichen Zweck erfüllen, auf die Affekte der Menschen zu wirken.

Diesem Zweck ordnet Aristoteles alles unter, sogar das Konzept der Nachahmung, das er von Platon geerbt hat. Auch wenn er ein Spiel mit der paradoxalen Zuspitzung treibt und man sich davor hüten sollte, allzu weitreichende Schlussfolgerungen zu ziehen: Hier wird die Verpflichtung der Dichtung auf die Wirklichkeit untergraben. Indem er das Unmögliche, das glaubwürdig ist, als Fluchtpunkt seiner Überlegungen setzt und ihm den Vorzug gibt vor dem Möglichen, das unglaubwürdig ist, eröffnet Aristoteles der Dichtung ungeahnte Freiräume: Sie darf sich von der nachzuahmenden Wirklichkeit absetzen und in ein Spiel mit dem Realen und dem Fiktiven eintreten. Letztlich kann sie alles schildern, sogar das Unmögliche, das der Wirklichkeit widerspricht – solange sie es nur glaubwürdig tut.

V

Faktual oder fiktional?
Die Erzähltheorie in Verlegenheit

Jede Fiktion besteht aus einer Verkettung von Fakten. Diese können in literarischen Texten aber einen sehr unterschiedlichen Status haben: Mal handelt es sich um Wirklichkeitsfetzen, die in einen literarischen Text hineinmontiert werden – wie die Annoncen, Artikel, Plakate, Prospekte, Reklamen, Statistiken, Wetterberichte und so weiter, die Alfred Döblin in seinen Roman *Berlin Alexanderplatz* aufgenommen hat –, mal handelt es sich um historisch genau identifizierbare Orte, Personen oder Ereignisse, die ein literarischer Text als Referenzpunkte in der Wirklichkeit wählt – wie der Sturm auf die Danziger Polnische Post im September 1939 in der *Blechtrommel* von Günter Grass –, mal handelt es sich um ein Faktum, das einzig durch den Akt seiner erzählerischen Setzung zu einer literarischen Tatsache wird – wie etwa, dass Böhmen nach William Shakespeare und Ingeborg Bachmann am Meer liegt. Fakten sind immer gemacht, das verrät schon die etymologische Wurzel, ganz im Unterschied zu Daten, die bekanntlich ›gegeben‹ sind.

Für den Umgang mit Fakten und Fiktionen in der Literatur ist die Erzähltheorie zuständig. Sie ist eine hochspezialisierte Disziplin innerhalb der Literaturwissenschaft und verfügt über ein riesiges Reservoir an Begriffen, um die vielen Formen des Erzählens zu beschreiben. Es ist eine etwas unzugängliche Terminologie: Je nachdem, ob der Erzähler mehr weiß als die Figur oder genauso viel oder weniger, unterscheidet man zwischen diversen Arten der *Fokalisierung*; je nachdem, ob der Erzähler Teil der erzählten Welt ist oder nicht oder gar mit der Hauptfigur identisch, spricht man von einem *homodiegetischen*, einem *heterodiegetischen* oder einem *autodiegetischen* Erzählen (nach griech. *diégesis* = Erzählung); und auch die Erzählebenen (Rahmen- und Binnenerzählungen) lassen sich ausdifferenzieren: in *intradiegetische, extradiegetische* oder *metadiegetische* Ebenen. Und so weiter.

Umso erstaunlicher, wie schwer sich die Erzähltheorie damit tut, zwischen einer *faktualen* und einer *fiktionalen* Erzählung zu unterscheiden, beispielsweise zwischen einer Reportage und einer Novelle.[22] Das liegt auch daran, dass sie sich lange Zeit gar nicht dafür interessiert hat. Die fiktionale Erzählung galt ihr bis in die 1990er Jahre in all ihren Ausformungen und Verästelungen als Erzählung *par excellence*, unbesehen der Tatsache, dass auch juristische, medizinische, ökonomische, politische, journalistische et cetera Texte »Wirklichkeitserzählungen«[23] sind und nach narratologisch analysierbaren Mustern funktionieren. Oder einfacher gesagt: Die Erzähltheorie hat über dem literarischen lange Zeit das nicht-literarische Erzählen vernachlässigt.[24]

Worin sich genau eine faktuale von einer fiktionalen Erzählung unterscheidet, ist bis heute letztlich unklar. Es ist nicht einmal erwiesen, inwieweit diese Unterscheidung überhaupt zulässig ist oder, noch radikaler, ob es diesen Unterschied überhaupt gibt. Man kann sich die Sache auch vom Leib halten wie die Poststrukturalisten, die das Faktum zu einem diskursiven Konstrukt und also letztlich zu einem Modus der Fiktion erklärt haben. Alles ist Text oder Simulation: Unter diesen Voraussetzungen ergibt es wenig Sinn, zwischen einer faktualen und einer fiktionalen Erzählung unterscheiden zu wollen.[25]

Doch ist das Problem damit nicht aus der Welt. Es wird sich auch nicht leicht lösen lassen, aber immerhin gibt die Erzähltheorie einige Anhaltspunkte zur Unterscheidung – Anhaltspunkte freilich, die nicht für alle Texte gleichermaßen gelten, nicht in jedem Fall trennscharf sind und natürlich immer auch bewusst unterlaufen werden können.[26]

Als faktuale Erzählung kann, grob gesagt, ein Text gelten, der auf eine konkrete außersprachliche Wirklichkeit referiert und dabei den Anspruch erhebt, keine Erfindung zu sein, im Gegensatz zu einer fiktionalen Erzählung, die auf solche Ansprüche verzichtet und in diesem Sinn auch weder wahr noch falsch sein kann.

Zur Unterscheidung zwischen fiktionaler und faktualer Erzählung hat sich in der Erzähltheorie eine Art Klammergriff etabliert, der das Problem von mehreren Seiten anpackt. Zunächst einmal gibt es die *paratextuellen Fiktionalitätssignale*: Dazu zählen ganz simple und konventionelle Hinweise wie etwa, dass eine Gattungsbezeichnung wie »Roman«, »Erzählung« oder »Novelle« im Untertitel steht oder der Text in einer bestimmten Verlagsreihe (Belletristik, Sachbuch und so weiter) erscheint. Dann liegt der Fall einfach. Schwieriger wird es, wenn anhand *textinterner Fiktionalitätssignale* geurteilt werden muss, wie sie Käte Hamburger in ihrer *Logik der Dichtung* erstmals systematisch herausgearbeitet hat.[27] Doch auch hier gibt es klare Fälle: Wenn ein Text mit Wendungen wie »Singe mir, Muse …« oder »Es war einmal …« operiert, markiert er unzweideutig, dass er fiktionalen Status hat.

Textinterne Signale können indes auch subtiler ausfallen. Da ist insbesondere die Instanz der Erzählerin beziehungsweise des Erzählers: Im Gegensatz zur fiktionalen Erzählung ist in einer faktualen Erzählung der Autor zugleich der Erzähler des Textes. Er kann sich nicht hinter einer Erzählerfigur verstecken, sondern muss mit eigenem Namen die Wahrheit des Erzählten verbürgen. Daraus folgt auch, dass der fiktionale Erzähler ungleich größere Freiheiten und Möglichkeiten genießt als der faktuale, da er »als eine nicht-empirische Person nicht an ›natürliche‹ Beschränkungen menschlicher Rede gebunden« ist.[28] Und das bedeutet zum Beispiel: Er kann sich an verschiedenen Orten gleichzeitig aufhalten, er kann sich an Orten aufhalten, ohne für die anderen Anwesenden sichtbar zu sein, er kann sich an Orten aufhalten, die es unmöglich geben kann oder wo er unmöglich sein kann, und so weiter. Ähnliche Freiheiten besitzt er auch in Bezug auf die Zeit. Und nicht zuletzt kann der fiktionale Erzähler in seine Figuren in einem Maße hineinsehen, wie es dem faktualen Erzähler nicht möglich ist: Er kann aus ihrem Inneren heraus berichten und ihre Gedanken- und Gefühlswelt schildern, als seien sie seine eigenen – ohne Rechenschaft darüber ablegen zu müssen, woher er das alles weiß. Erkennbar wird dies namentlich an Verben der inneren Vorgänge (glauben, fühlen, denken, meinen, hoffen und so weiter) in der dritten Person, wie zum Beispiel bei Virginia Woolf: »Sie hatte immer das Gefühl, es sei sehr, sehr gefährlich, auch nur einen Tag zu leben«, oder bei Robert Musil: »Er fühlte sich angesteckt und elend. Es war eine wehleidige, zart nervöse Überempfindlichkeit, wie sie ihn manchmal befiel«.[29]

Es ließen sich noch weitere Perspektiven anführen, unter denen eine fiktionale von einer faktualen Erzählung zu unterscheiden versucht werden kann (wie die Selbstreflexivität des Erzählens oder das epische Präteritum vom Typus »Morgen hatte sie Geburtstag«). Doch es findet sich keine darunter, die diese Unterscheidung eindeutig und einheitlich erlauben würde. Zu schwach sind die Kriterien, zu leicht lassen sie sich unterlaufen, als dass mit diesem analytischen Rüstzeug fiktionale und faktuale Texte in jedem Fall unterscheidbar wären.

Alles entscheidet sich am konkreten Beispiel.

Gottlieb Theodor Pilz, 1789 geboren, 1856 gestorben, war eine der erstaunlichsten Figuren der abendländischen Geistesgeschichte. Leider ist er fast vergessen und bis heute weit unterschätzt. Dabei war sein Beitrag zum kulturellen Erbe der Menschheit außergewöhnlich: Er hat keine großen Werke geschaffen, wie so viele andere, sondern er hat unzählige Werke durch sein mutiges und entschiedenes Dazwischentreten verhindert. Kaum ein eifriger Dichter, Komponist oder Maler begegnete ihm, dem er nicht umgehend sein künstlerisches Vorhaben ausgeredet hätte. So hat sich Pilz unschätzbare Verdienste erworben: Dank ihm haben viele künstlerische Produkte nie das Licht der Welt erblickt.

Dieser glanzvollen Lebensleistung hat Wolfgang Hildesheimer in den *Lieblosen Legenden* (1952), seinem ersten und überaus populären Buch, ein Denkmal gesetzt. Er zeichnet den Lebensweg von Pilz genau nach, in allen Stationen und Aktionen, er zitiert aus seinen Briefen und verweist auf die einschlägige Fachliteratur, sogar mit den entsprechenden Angaben in den Fußnoten. Es ist ein meisterliches literarisches Schelmenstück, denn Gottlieb Theodor Pilz hat es nie gegeben. Er ist eine Fantasiegestalt Hildesheimers, eine Kritik an der künstlerischen Überproduktion und eine Parodie auf den bildungsbürgerlichen Mythos, nur wer schöpferisch tätig sei, verdiene es, in Erinnerung behalten zu werden. Auch wenn der Text alle Anstrengung unternimmt, sich wie das biografische Porträt einer Figur auszugeben, die tatsächlich einmal gelebt hat: Der satirische Tonfall ist unüberhörbar.

Neben Rapporten, Reportagen, Chroniken, Reiseberichten oder Zeitungsnotizen gehören Biografien historischer Personen zu den ›Normalfällen‹ faktualen Erzählens.[30] Sie erheben den Anspruch, von realen Vorgängen und geschichtlichen Ereignissen zu berichten. Darum ist Wolfgang Hildesheimer für die Unterscheidung zwischen fiktional und faktual so ein interessanter Fall: Er war Experte für Biografien.

Besonders berühmt ist sein *Mozart*-Buch von 1977. Es kommt ohne das Wort »Biografie« im Untertitel aus und gibt also keinen paratextuellen Hinweis auf seine Gattung. Hildesheimer setzt sich in aller Form von der Trivialbiografie ab, die eher vom Wunschdenken der Biografen kündet als von den Lebensumständen und Seelenzuständen der porträtierten Person, und verfolgt stattdessen den Ansatz, mit Blick auf die historische Figur Mozart »Einzelaspekte einer möglichen Wirklichkeit«[31] herauszuarbeiten, die Widersprüche in den Zeitzeugnissen stehen zu lassen und Spekulationen als solche zu benennen. Entstanden ist ein Mosaik aus unzähligen Betrachtungen über das Leben und die Musik Mozarts, ganz ohne die konventionelle Chronologie und Dramaturgie gängiger Biografien – und dennoch ist es angesichts der literarischen Techniken, die darin zur Anwendung kommen, nur deshalb klar, dass es sich um keinen fiktionalen Text handelt, weil man ihn immerzu mit dem eigenen Allgemeinwissen über die historische Figur Mozart abgleichen kann.

Was aber wissen Sie über Sir Andrew Marbot? Falls eher wenig, wäre dies nicht weiter erstaunlich, denn Marbot gehörte nicht zu den Schöpfern großer, ewigwährender Kunstwerke.

Er war eine Figur in der zweiten Reihe, ein englischer Aristokrat des frühen 19. Jahrhunderts (1801–1830), aber er hat, was lange unbemerkt blieb, als Kunstästhetiker die Einsichten der Psychoanalyse um fast ein Jahrhundert vorweggenommen, indem er die Frage nach der Motivation des Kunstwerks im Unbewussten stellte, nach der seelischen Notwendigkeit, der es seine Entstehung verdankt.

Aufgewachsen in besten Verhältnissen im englischen Landadel, entwickelt Marbot schon früh ein lebhaftes Interesse an Kunst und Künstlern und begibt sich auf die Grand Tour durch Europa, vor allem nach Italien, um die bedeutendsten Werke der Malerei im Original zu sehen. Auf seinen Reisen begegnet er so ziemlich allen, die in der damaligen Kunstwelt einen Namen haben: von Goethe bis Schopenhauer, von Byron bis Turner, von Berlioz bis Delacroix, von Leopardi bis Platen.

Doch es ist ein dunkles Geheimnis, das ihn zu seinem psychoanalytischen Ansatz inspiriert: Marbot hat ein inzestuöses Verhältnis mit seiner eigenen Mutter, Lady Catherine. Diese verheerende Leidenschaft, über die er nicht reden und die er mit niemandem teilen kann, ist ausschlaggebend dafür, dass sich sein Blick schärft für die verbotenen Fantasien, die sich in Kunstwerken verbergen und »die der Künstler, um sich ihrer zu entledigen, auf die Leinwand bannt«.[32] Verurteilt zu einem unsteten Leben, das immerzu um die eigene Schuld und Sünde kreist, stirbt Marbot schließlich einen rätselhaften Freitod in der Nähe der italienischen Stadt Urbino.

Man kann Hildesheimers *Marbot* (1981) noch so genau lesen: Er gibt keine Hinweise darauf, dass es sich nicht um eine ganz gewöhnliche Biografie handelt. Im Gegenteil tut er alles, um sich als solche auszuweisen: Anders als das *Mozart*-Buch heißt er im Untertitel »Eine Biographie« und gibt somit das paratextuelle Signal, dass er ein faktualer Text sei, auch wenn der unbestimmte Artikel »eine« irritierend wirkt; er ist bestückt mit Bildnissen, von denen man aber nicht ahnen kann, dass darauf beliebige historische Persönlichkeiten zu sehen sind und nicht diejenigen, die im Roman die wichtigsten Rollen spielen; er zitiert ausführlich aus Marbots kunstästhetischen Betrachtungen und weist die entscheidenden Begriffe und Wendungen sogar im englischen Originalwortlaut nach (Hildesheimer lebte vor dem Zweiten Weltkrieg in England und war danach Simultandolmetscher bei den Nürnberger Prozessen); und er beruft sich auf die Vorgängerbiografie eines Autors mit Namen Frederic Hadley-Chase aus dem Jahr 1888, die freilich in keinem Bibliothekskatalog der Welt zu finden ist.

Hadley-Chase fehlt auch im ausführlichen Namensregister, das Hildesheimers Text angehängt ist und das ausschließlich Personen enthält, die tatsächlich existiert haben. Hier könnte man *post festum* doch noch stutzig werden, denn es fehlen auch einige weitere Personen, die in Marbots Leben eine maßgebliche Rolle gespielt haben – und die im Unterschied zu den berühmten Geistesgrößen erfunden sind. Doch stellen diese Lücken im Namensregister letztlich die einzigen Indizien dar, dass hier eine komplett erfundene Biografie erzählt wird.

Kein Wunder also, dass beim Erscheinen des Romans manche Leser und auch manche Kritiker auf Hildesheimers ›Biografiktion‹ hereingefallen sind, etwa der renommierte Germanist Peter Wapnewski, der Hildesheimer im SPIEGEL zwar für seine »mit soviel Kenntnis, Spürvermögen und ritterlicher Sympathie« geschriebene Biografie lobte, aber zugleich auf »manch ärgerliche Ungenauigkeiten im Detail [stieß], von denen angenommen werden muss, dass sie nicht vereinzelt stehen, sondern symptomatisch sind für die Arbeitsweise des Verfassers, der als Dichter sich durch eben jenes Maß an Exaktheit auszeichnet, das er in der ihm ungewohnten Rolle des Historiographen offenbar vermissen lässt«.[33] Entsprechend ging Wapnewski daran, Hildesheimer in einigen historischen Ungenauigkeiten zu berichtigen: Wo war Goethe am 4. Juli 1825? In Weimar? In Wetzlar![34]

Die Gegenüberstellung von *Mozart* und *Marbot* macht deutlich, wie schwierig es sein kann, fiktionale und faktuale Texte auseinanderzuhalten – selbst im Fall von Biografien, die doch angeblich zu den ›Normalfällen‹ faktualen Erzählens gehören. Beide Bücher sind an der Oberfläche weitgehend miteinander vergleichbar, wenn es darum geht, »im richtigen Maße zwischen belegbaren Fakten und Spekulation, zwischen Vermutung und Wissen, zwischen Überzeugung und Zweifel«[35] zu unterscheiden und das eine vom anderen streng und genau zu trennen.

Und dennoch handelt es sich bei *Mozart* und *Marbot* um zwei Texte, die in ihren Grundvoraussetzungen unterschiedlicher nicht sein könnten. Wieso man den einen im »Realbewusstsein« und den anderen im »Fiktionalbewusstsein« lesen soll, ist ihnen kaum anzusehen und kaum nachzuweisen.[36] Und das ist eine ernüchternde Feststellung über die Möglichkeiten, die die Erzähltheorie in dieser Hinsicht besitzt.

VI

Faketional

Konturen einer neuen narratologischen Kategorie

Die Erzähltheorie packt das Problem *faktual oder fiktional?* von mehreren Seiten an, doch bekommt sie es letztlich nicht in den Griff. Umso schwieriger dürfte es sein, das Phänomen ›Fake‹ als erzähltheoretisches Problem und die ›Faketizität‹ beziehungsweise das ›faketionale‹ Erzählen als narratologische Kategorie zu konturieren. Solange dies nicht geschieht, müssen Fake-Texte als *Unidentified Narrative Objects* gelten.[37]

Es braucht andere Perspektiven:

1. Intention

Der Begriff der ›Intention‹ ist in der Literaturwissenschaft verpönt. Zu sehr klingt er nach der klassisch-allzuklassischen Frage: »Was will uns die Autorin/der Autor damit sagen?« Mit dieser Frage will niemand etwas zu tun haben, und sie ist gegenüber literarischen Texten auch ganz unangemessen. Will man indes das Phänomen ›Fake‹ erzähltheoretisch analysieren, kommt man um den Begriff der Intention nicht herum.

Ein Fehler kann einem unterlaufen, ebenso ein Missgeschick oder ein Versehen, und sogar eine Lüge kann aus dem Moment heraus entstehen, ohne dass sie vorbereitet gewesen wäre oder damit ein bestimmter Plan verfolgt würde, der seine Ziele kennt. Ein Fake hingegen kann einem nicht unterlaufen. Er ist immer Absicht. Er bedingt einen Vorsatz, der sich über seine Ziele im Klaren ist oder zumindest eine Stoßrichtung hat. Der Fake will etwas erreichen, er will eine Wirkung erzielen.

Mögen Kunstwerke ihre Motivation im Unbewussten haben, wie es Andrew Marbot um fast ein Jahrhundert vorweggenommen hat: Der Fake ist ein Akt der Bewusstheit, der weniger auf einen zugrunde liegenden Konflikt als vielmehr auf seine vorsätzlichen Techniken und Strategien hin analysierbar ist. Was die Absichten und was die Ziele sind, kann freilich von Fake zu Fake verschieden sein.

Ob der Effekt am Ende auch der intendierte ist, steht allerdings auf einem anderen Blatt. Es gehört zu den Geschäftsrisiken des Fakes, dass seine Folgen ganz anders sein können als beabsichtigt. Jede Intention enthält einen unkalkulierbaren Rest, der in seiner Eigendynamik nicht vorhersehbar ist und die Auswirkungen sogar ins Gegenteil umschlagen lassen kann.

2. Wissen/Nichtwissen

Der Fake ist ein interessantes wissenstheoretisches Problem. Sein Kalkül liegt in einem ausgeklügelten Zusammenspiel von Wissen und Nichtwissen. Auf den ersten Blick scheinen die Verhältnisse klar geregelt und die Bestände ungleich verteilt: Wissen aufseiten der Produzenten und Nichtwissen aufseiten der Rezipienten.

Wer einen Fake herstellt, tut es nicht nur willentlich, sondern auch wissentlich. Er muss die Kontexte genau kennen, in denen er sich bewegt: die Fakten, auf die er sich bezieht, die

Adressaten, an die er sich richtet, die Formate, deren er sich bedient, die Foren, auf die er sich begibt. Tut er dies nicht, ist der Fake zum Scheitern verurteilt: »Um willentlich falsche Ansichten in die Welt zu setzen, muss man zumindest einige korrekte Ansichten besitzen in der Angelegenheit, über die falsche Ansichten verbreitet werden sollen, da andernfalls das Ergebnis der willentlichen Täuschung planlos/zufällig/willkürlich [haphazard] sein wird.«[38]

Wenn also die Produktion von Fakes ein gewisses Maß an Wissen voraussetzt, so geschieht sie immer auch wider besseres Wissen. Sie ist eine bewusste Verletzung der eigenen Wissensbestände zugunsten eines Falschwissens, das über das eigene Wissen triumphieren soll.

Umgekehrt kann das Nichtwissen aufseiten der Rezipienten nicht vollständig sein. Völliges Nichtwissen besäße kein Sensorium, um einen Fake überhaupt rezipieren zu können. Es braucht ein Wissen im Nichtwissen, an dem er ansetzen kann, um seine Macht zu entfalten. Dieses ›Wissen‹ kann auch bloß eine diffuse Gemengelage aus Vermutung und Verdacht sein. Wem ein bestimmter Sachverhalt gänzlich unbekannt und unvertraut ist, lässt sich jedenfalls nicht wirkungsvoll darüber täuschen, sondern wird sich womöglich gar nicht dafür interessieren.

Es ist somit eine spezifische Dialektik von Wissen und Nichtwissen, der der Fake seine Dynamik verdankt: ein Wissen, das wider sich selbst handelt, und ein Nichtwissen, das Elemente von Wissen aufweist. In dieser Dialektik eröffnet sich eine Zone, in die der Fake hineinstößt und die er stets neu ausloten muss.

3. Plausibilität

Mathematische Sätze und logische Schlüsse sind auf Plausibilität nicht angewiesen. Sie müssen beweisbar sein. Wo jedoch der ›Wahrheitswert‹ von Aussagen nicht feststeht, sondern verhandelbar ist, kommen andere Kriterien ins Spiel. Eines davon ist die Plausibilität. Sie ist ein sehr geläufiger Begriff, von dem man sofort zu wissen glaubt, was damit gemeint sei. Und doch ist die Plausibilität in Philosophie und Wissenschaftstheorie seltsam unbestimmt: In den meisten Hand- und Wörterbüchern kommt sie zwischen Platonismus und Pluralismus gar nicht vor.[39]

Die Plausibilität zielt auf Zustimmung, wenn nicht gar auf Beifall. Hier stammt das Wort auch her: über das französische *plausible* vom lateinischen »*plausibilis*, eigentlich ›Beifall verdienend‹, zu l[ateinisch] *plaudere (plausum)* ›klatschen, Beifall spenden‹«.[40] In der Plausibilität steckt der Applaus: Sie will Akklamation, von möglichst vielen Seiten. Was plausibel sein will, muss sich nach der Meinung einer Mehrheit oder zumindest einer Gruppe richten mit dem Ziel, von dieser als einleuchtend und glaubhaft befunden zu werden – und im Idealfall sogar die allgemeine Zustimmung zu erlangen: »Plausible Urteile sind überzeugende Urteile, die vor dem Hintergrund eines sozial hergestellten Konsenses von Meinungen gebildet werden.«[41] Je weiter sich die Plausibilität von diesem Hintergrund entfernt, desto mehr läuft sie Gefahr, an Überzeugungskraft einzubüßen.

Die Plausibilität beruht nicht auf einem binären Code von *wahr* oder *falsch*, sondern spielt auf einer Skala von *mehr oder weniger*: Etwas kann plausibler sein oder nicht, von kaum plausibel bis überaus plausibel. Was außerhalb dieser Skala liegt, ist entweder *abwegig*, das heißt nicht plausibilisierbar, oder *notwendig*, das heißt nicht plausibilisierungsbedürftig. Am schwierigsten freilich ist es, das Ungereimte und Widersinnige zu plausibilisieren. Goethe schreibt in seinen *Maximen und Reflexionen*: »Wer die Menschen betrügen will[,] muss vor allen Dingen das Absurde plausibel machen.«[42] Und das bedeutet zugleich: Dieses Unterfangen ist zwar überaus anspruchsvoll, aber nicht von vornherein aussichtslos.

Wenn mathematische Sätze und logische Schlüsse die Kriterien *Evidenz* und *Stringenz* erfüllen müssen, so gehorchen Aussagen, die Plausibilität für sich in Anspruch nehmen wollen, den Kriterien *Konsens* und *Konsistenz*: Konsens im Sinne der Anschlussfähigkeit an eine Mehrheitsmeinung beziehungsweise der Mehrheitsfähigkeit und Konsistenz im Sinne der Stimmigkeit der dargestellten Zusammenhänge.

Diese Kriterien gelten auch für die ›Faketizität‹, will sie bei ihren Adressaten die erwünschte Glaubwürdigkeit erzielen.

4. Publizität

Ein literarischer Text kann ein *Soliloquium* sein, ein Selbstgespräch ohne Adressaten außerhalb seiner selbst. Auch wenn dies der Extremfall ist, kommt er doch gelegentlich vor. So hat beispielsweise der rumänische Autor Mircea Cărtărescu 2015 bekannt: »Für mich war meine Literatur stets das, was sie auch bleiben wird: ein langes inneres Tagebuch, ein ununterbrochener Dialog mit mir selbst. Ich habe immerzu Literatur geschrieben, und zwar nicht, um Bücher zu veröffentlichen, die Bücher sind lediglich das Endprodukt eines Prozesses der Selbst- und Welterkenntnis, sie sind die leeren, von dem weichen Tier, das sie einmal bewohnt hat, verlassenen Schalen.«[43] Diese Bildlichkeit bedeutet zugleich, dass dieses Erzählen bereits abgelebt ist, wenn es sein Publikum erreicht.

Der Fake ist diesbezüglich der genau entgegengesetzte Extremfall. Als ›Dialog mit sich selbst‹ ist er undenkbar. An Selbsterkenntnis liegt ihm nichts, an Selbstdarstellung hingegen alles. Er sucht die Öffentlichkeit und braucht ein Publikum – mehr noch: Er ist radikal und exklusiv auf seinen Adressatenbezug hin entworfen. Es geht ihm nicht um Ausdruck oder Einsicht, es geht ihm um den Eindruck, den er macht, und den Einfluss, den er nimmt.

Daraus speisen sich seine Energie und seine Dynamik. Er ist keine abgelebte Schale, sondern eine aufgehende Saat. Das ist zumindest seine Hoffnung. Der Fake besitzt einen eigentümlichen Drall zur Publizität, der sich nach den Parametern von Verbreitungsdynamik und Umlaufgeschwindigkeit bemessen lässt. Besonders ausgeprägt zeigt sich dies im Digitalen. Hier findet er die idealen Voraussetzungen vor, um das Publikum in seinem Sinne zu adressieren: Dichte und Geschwindigkeit der Informationsverbreitung sollen die Möglichkeiten der Informationsverarbeitung übersteuern.[44] Nur wo er es schafft, sein Publikum gezielt zu überfordern, kann der Fake seine Wirkung tun.

5. Suggestion

Die Suggestion ist ein uralter rhetorischer Trick. Er läuft darauf hinaus, in einem fingierten Frage-Antwort-Spiel, der sogenannten *subiectio*, die Antwort auf eine Frage nicht abzuwarten, sondern gleich selber zu geben und damit dem Gegenüber unterzuschieben. Der römische Rhetoriker Quintilian veranschaulicht es am folgenden Beispiel: »›So fehlte dir ein

Haus? Du hattest doch aber eins! Geld spielte keine Rolle? Du hattest aber doch gar keins!‹ Diese Figur nennen manche ›suggestiv‹ (›mittels Beifügung‹) [im Original: quod schema quidam ›per suggestionem‹ vocant].«[45] Technisch gesehen besteht die Suggestion ursprünglich also in einer Zutat, deren Absicht die Unterstellung, wenn nicht gar die Überwältigung ist.

Doch ist die Suggestion ein viel zu facettenreiches Phänomen, als dass sie sich auf diesen einfachen Mechanismus reduzieren ließe. Ideengeschichtlich spielte sie auf den unterschiedlichsten Feldern: vom Hypnotismus über den Magnetismus bis zum Somnambulismus und hinein in die Psychologie. Dort wurde sie zu einem solchen Modewort, dass schon Sigmund Freud leicht genervt feststellte, man dürfe »alles im Psychischen Unbequeme ›Suggestion‹ heißen«.[46] Die vielfältigen Verwendungsweisen des Begriffs haben indes einen gemeinsamen Nenner: das Moment der *Beeinflussung* – der Beeinflussung von Denken, Meinen, Fühlen, Vorstellen, Wollen und Handeln auf physiologischen, motorischen, sensorischen und sprachlichen Kanälen.[47]

Die Suggestion ist ein weites Feld, doch lässt es sich nach zwei Seiten begrenzen: Auf der einen Seite endet es beim *Reflex* und auf der anderen bei der *Reflexion*. Reflexe setzen ein Reiz-Reaktion-Schema voraus: Die Reaktion auf einen bestimmten Reiz erfolgt unwillkürlich, es besteht keine Wahl, sei der Reflex nun angeboren oder erworben. Die Reflexion hingegen bedingt eine Bewusstheit, die die Kontrolle über die Reaktion bewahrt. Gegen Reflex und Reflexion vermag die Suggestion wenig auszurichten: »Von Suggestion ist folglich insbesondere dann zu sprechen, wenn eine Person im Suggestionskontext zumindest potentiell über alternative Reaktionsmöglichkeiten verfügt. Allerdings ist sie nicht in der Lage, diese zu realisieren, da ihre Reaktion nicht auf ein bewusst kontrolliertes Abwägen zurückgeht.«[48]

Zwischen Reflex und Reflexion entfaltet die Suggestion ihr subtiles Spiel – wie eine Zauberin, die es schafft, dass man genau die Karte zieht, die sie gezogen haben will. Am mächtigsten ist sie, wenn es ihr gelingt, eine schon im Bewusstsein vorhandene und eine neu hinzukommende Vorstellung so miteinander zu verbinden, dass die oder der Betreffende es nicht merkt. Dazu bedient sich die Suggestion einer Vielzahl an Techniken und Mechanismen: »Mehrdeutigkeiten, schnelle Veränderungen, ein Mangel an Struktur, eine hohe Komplexität, Inkonsistenzen oder die Überraschung durch unerwartete Ereignisse, durch Fragen, Wortspiele, Witze, Provokationen des Senders bzw. Sprechers etc.«[49] Es gibt aber auch ›weichere‹ Faktoren, die die Suggestibilität einer Botschaft oder Nachricht erhöhen können, wie die Vertrauenswürdigkeit des Absenders oder Gemeinsamkeiten sprachlicher, sozialer, habitueller Art zwischen Sender und Empfänger.

Nur so ist es möglich, dass Urteile und Ansichten nicht auf der Basis eigener Schlussfolgerung und Überprüfung gebildet, sondern von anderen übernommen, von ihnen ›eingeflößt‹ und ›eingeflüstert‹ werden. Und es ist klar: In dieser Zone zwischen Reflex und Reflexion arbeitet auch der Fake.

Was Susan Sontag über das politische Foto sagt, lässt sich auch für den Fake behaupten: dass er »die öffentliche Meinung nicht beeinflussen [wird], wenn der entsprechende Zusammenhang mit eigenen Empfindungen und Verhaltensweisen (feeling and attitude) fehlt«.[50]

Wem ein bestimmter Sachverhalt gänzlich unbekannt und unvertraut ist, lässt sich nicht wirkungsvoll darüber täuschen, sondern wird sich womöglich gar nicht dafür interessieren: So hieß es weiter oben im Zusammenhang von Wissen und Nichtwissen. Bloßes Interesse wird in vielen Fällen aber nicht ausreichen: Ein Fake erhält erst dann seine maximale Wirkungs- und Schlagkraft, wenn er das Publikum auch emotional zu adressieren und zu involvieren vermag – wobei *emotional* hier sehr weit zu verstehen ist und eigentlich nur meint, dass der Zusammenhang, von dem Susan Sontag spricht, die rein kognitive Ebene übersteigt.

Er setzt ein Interesse voraus und kann bis zur Identifikation reichen. Die Identifikation ist vor allem ein Begriff aus der Psychologie und der Psychoanalyse und bezeichnet dort einen Vorgang der Subjektkonstitution durch Assimilation, spielt aber auch in der Rezeptionsästhetik eine Rolle und bezeichnet hier einen »Vorgang der ästhetischen Erfahrung, bei dem sich der Rezipient in ein bestimmtes, durch emotional aufgeladene Nähe charakterisiertes Verhältnis zu Figuren oder anderen Textelementen setzt«.[51] Diese Nähe muss nicht Einfühlung oder Empathie bedeuten, aber sie reduziert die Distanz zwischen Sender und Empfänger.

Der Sender muss dem Empfänger Identifikationsangebote machen, die es diesem erlauben zu glauben, es gehe in der Botschaft zumindest *auch* um ihn selbst. Das kann auf unterschiedlichen Ebenen geschehen: auf der assoziativen Ebene durch ein Sich-Hineinversetzen in eine Rolle oder Figur, auf der admirativen Ebene durch Bewunderung, auf der sympathetischen durch Mitleid, auf der kathartischen durch Erschütterung oder Mitlachen und auf der ironischen durch Befremden.[52]

Mit diesen Mitteln arbeitet die Literatur seit jeher – schon Aristoteles hat ja den Akzent auf die Möglichkeiten der Handlung gelegt, sich mit ihr zu identifizieren und sie auf sich zu beziehen. Es gehört zu den größten Stärken der Literatur, dass sie das Gefühl zu erzeugen vermag, es gehe in ihr nicht um ein beliebiges Ich, sondern auch um *mein* Ich – um das Ich derjenigen oder desjenigen, die oder der liest. Und diesbezüglich hat ein guter Fake viel von der Literatur gelernt.

7. Merging

Das englische Verb *merge* bedeutet im Deutschen *abmischen, ineinander übergehen, miteinander verschmelzen, zusammenfließen*. Bei Verkehrsströmen beispielsweise können durch *Merging* mehrere Fahrstreifen so zusammengeführt werden, dass sich die Fahrzeuge abwechselnd und möglichst abstandslos in eine Spur einordnen, wobei im Idealfall der Verkehrsfluss dadurch nicht beeinträchtigt wird. Von *Merging* spricht man aber insbesondere in der Softwaretechnik: Dort bezeichnet der Ausdruck die Zusammenführung verschiedener Datenbestände oder Dateiversionen, die untereinander abgeglichen und auf einen gemeinsamen Stand gebracht werden müssen. Dies wird nötig, wenn die entsprechenden Daten oder Dateien von verschiedenen Personen oder Prozessen gleichzeitig bearbeitet wurden und in unterschiedlichen Fassungen vorliegen. Das Resultat des *Mergings* ist ein einheitlicher Datenbestand oder eine einheitliche Dateiversion, in dem beziehungsweise der alle vorausliegenden Bestände und Versionen miteinander koordiniert sind.

Allgemeiner gesprochen handelt es sich beim *Merging* um ein Verfahren, das Informationen verschiedener Provenienz und Prozesshaftigkeit homogenisiert. Die Frage ist nur, inwieweit die zugrunde liegende Heterogenität in der vorliegenden Homogenität noch ersichtlich ist oder zumindest zurückverfolgbar bleibt. Der *Merriam-Webster* führt als eine Bedeutung von *merge* an: »to blend gradually by stages that blur distinctions«[53] – in mehreren Schritten so vermischen, dass die Unterschiede verwischen.

Blend and blur, vermischen und verwischen: Das ist auch eine beliebte Technik aller, die eine Täuschungsabsicht verfolgen, indem sie Wissens- und Informationsbestände unterschiedlicher Herkunft und aus unterschiedlichen Kontexten so miteinander vermengen, als würden sie gleichursprünglich zusammengehören. Entscheidend ist, dass die Übergänge zwischen den heterogenen Bestandteilen unkenntlich gemacht werden und am Ende nicht mehr entscheidbar ist, was aus welcher Quelle kommt. Erst dann ergibt sich eine neue Textur, die sich wie ein einheitliches Gewebe liest und doch in Wahrheit ein Flickenteppich ist.

Das Vermischen und Verwischen kann Fakten betreffen, die aus unterschiedlichen Zusammenhängen herstammen – aber auch Fakten, die mit Fiktionen versetzt sind, oder Fiktionen, die mit Fakten untermauert werden. Es gibt viele verschiedene Weisen, wie dies geschehen kann.

VII

Schleifende Schnitte

Wie sich Fiktion in Realität und Realität in Fiktion überführen lässt

Erzähltechnisch gesehen können zwei gegensätzliche Richtungen eingeschlagen werden, um das Verhältnis von Fakt und Fiktion so umzustülpen, dass nicht mehr entscheidbar ist, was auf welche Seite gehört: Entweder man übertreibt es mit den Fakten so lange, bis sie wie eine abstruse Fiktion anmuten, oder man plausibilisiert die Fiktion, bis sie als reine Faktizität erscheint. So kann sich der Effekt einstellen, dass das, was als am tatsächlichsten ausgegeben wird, in Wahrheit erfunden ist und das, was am erfundensten wirkt, pure Realität.

Ein Virtuose in diesem Fach war der Schriftsteller Hermann Burger. Gern erzählte er die Geschichte, wie sich nach dem Erscheinen seines Romans *Die Künstliche Mutter* (1982) ein deutsches Fernsehteam bei ihm meldete, das für einen Beitrag vor Ort im Gotthardgebiet filmen wollte, wo der Roman hauptsächlich spielt. Also fuhr der Schriftsteller mit dem Regisseur und seinem Team hinauf nach Göschenen an den Gotthardnordfuß. Auf dieser Strecke windet sich die Eisenbahn bekanntlich dreimal um die berühmte Kirche von Wassen. Just in dieser Kirche aber hatte Burger in seinem Roman eine komplette Märklin-Gotthard-Modelleisenbahnanlage aufgebaut, das Gebirgsmassiv im Maßstab 1:10 000, das Schienennetz mit allen technischen Raffinessen und bestem

Rollmaterial ausgestattet, von der maikäferbraunen Krokodil-Lokomotive Ce 6/8 III über den ferrariroten Schnelltriebwagen RAe 2/4 bis zum kastanienbraunen Rangiertraktor Te 101 und von Zementsilowagen über Panoramasalonwagen bis zu Huckepackzugkompositionen. Diese Modelleisenbahnanlage wollte der Regisseur für seinen Beitrag natürlich unbedingt abfilmen.

Es gab sie leider nicht beziehungsweise ›nur‹ im Roman. Dafür gab es weiter oben in den Bergen eine einmalige Attraktion: das Suworow-Denkmal bei der Teufelsbrücke in der Schöllenenschlucht, ein in den Fels gehauenes zwölf Meter hohes Kreuz, zur Erinnerung an den russischen General Suworow, der hier 1799 gegen die napoleonischen Truppen gekämpft hatte, eine russische Enklave im militärischen Herzen der Schweiz, bis heute Eigentum des russischen Staates. Doch der Regisseur winkte ab: Dort hinauf könne ihn der Schriftsteller nicht locken, er kenne doch seine Fantasie.

Die Literatur liebt es, die Leserschaft über den Status dessen in Unsicherheit zu wiegen, was erzählt wird. Was stimmt, und was ist erfunden? Was hat sich von dem, was berichtet wird, tatsächlich so zugetragen und was nicht? Das sind Fragen, die immer wieder an die Literatur gestellt werden, und es macht nicht den Anschein, als ob sie sich diese Fragen nicht gerne gefallen ließe.

Hermann Burger selbst bezeichnete die Technik, die Leserschaft in eine ständige Verunsicherung darüber zu stürzen, welchen Status das Erzählte denn nun hat, als »schleifende Schnitte zwischen dem Realen und dem Irrealen« – *schleifend* deshalb, weil die wechselseitigen Übergänge von einem Bereich in den anderen möglichst unmerklich, möglichst unbemerkt erfolgen sollten. Es war sein liebstes Spiel, wie er einmal freimütig bekannte: »Nie bin ich glücklicher, als wenn es mir gelingt, das Verrückte dank vorgetäuschter Recherchen als wirklich und die bare, aus irgendeinem Jahrbuch herauskopierte Realität als verrückt erscheinen zu lassen.«[54]

Nur: Wie kann das gelingen?

Auf die Spitze getrieben hat Burger diese Technik in seinem Roman *Schilten* (1976). Der Roman spielt in einem abgelegenen Seiten- und Sacktal in der schweizerischen Provinz, wo der Schulmeister Armin Schildknecht auf völlig aussichtslosem Posten kämpft. Er lebt im hintersten Winkel des gottverlassenen Schilttales, in einem Schulhaus, das unmittelbar gegenüber dem Friedhof liegt. In dieser verheerenden Nachbarschaft von Leben und Tod versucht sich der vereinsamte Schulmeister, der längst keine Schüler mehr hat, gegen die lebensfeindlichen Verhältnisse zur Wehr zu setzen. Er tut es, indem er mit einem (Aber-)Witz sondergleichen registriert, was sich in seinem Gesichtsfeld abspielt, um daraus mit fanatischer Theoriebildungswut eine Hypothese nach der anderen, eine Klassifikation nach der anderen, eine Maxime nach der anderen zu bilden – in einer Suada von solcher Skurrilität und Stringenz zugleich, dass man sich als Leserin oder als Leser nie ganz sicher sein kann, was Wahrheit ist und was Wahn.

Um die Strategie der schleifenden Schnitte für beide Richtungen – vom Realen zum Irrealen und vom Irrealen zum Realen – an je einem Beispiel vorzuführen: Der Roman leistet unter anderem einen wertvollen Beitrag zur schweizerischen Dialektkunde. In Schilten braucht man nur die Fenster zu öffnen, und schon wird man Ohrenzeuge der lebendigsten Sprachlehre. Dabei ist es wichtig festzuhalten, dass es sich beim Schiltener Dialekt um ein besonders urtümliches Idiom handelt. Es wird mit großem Aufwand an linguistischem Fachvokabular beschrieben:

> Ich nenne nur ein paar Delikatessen: Die im Schriftdeutschen verlorengegangenen Inchoativa: »Es böset mit em«, »es nüechtelet«. Die umgelauteten Pluralformen: »Psüech« für Besuche. Präfix g- in perfektischer Bedeutung wie im Mittelhochdeutschen: »I mags ned gässe«, ich mag es nicht essen. Eine Menge von Dialektausdrücken ohne Entsprechung im Neuhochdeutschen: »karfange« für schimmelig, feucht; »naachtig tue« für sich nachteilig, nicht zu seinem Vorteil verhalten; »zäntomecho« für überall in der Welt herumkommen; »Montere« für Schaufenster, aus französisch »la montre«; »Galöri« für Aufschneider, Dummkopf, Galan; »Lützu« für nachlässige Kleidung; »Wätterleine« für ein fahles Wetterleuchten; »Chnupesager« für Geizhals, und so weiter, und so fort. Dann die häufige Segmentation im Satzbau: Der muss mir nicht so vorbeikommen, der. Das berühmte, unter bernischem Einfluss vokalisierte -l-: »Wiu« für Wil, »Ziu« für Ziel. Die Bewahrung der alten Affrikate: »roukche« für rauchen. Weiterbildung der Nomina agentis: »de Dachdeck« für der Dachdecker. Die Pejorativa mit angehängtem -i: »Brüeli«, »Laveri«, Letzteres für Schwätzer. Dann die Kollektiva-Bildungen -ete: »e Schuflete« für das Geschaufelte oder zu Schaufelnde; »e Choderete« für das Gegeifer. Die archaischen Formen des zweiten Konjunktivs: »i schlof« für ich würde schlafen; »i os« für ich würde essen. Und, eine Oberschilttaler Spezialität, die sonst nirgends in der schweizerischen Sprachgeographie bezeugt ist, nämlich die konjunktivisch gemeinten Sub-

> stantiv-Umlaute: »de Gong« für einen möglicherweise durchgeführten Gang, »de Töd« für einen eventuell eintretenden Tod.[55]

Das ist eine reichhaltige Palette an Dialektdelikatessen, sprachwissenschaftlich außerordentlich kompetent und konsequent beschrieben, unter Aufbietung aller Terminologie, deren es für die Theoretisierung solcher sprachlichen Phänomene bedarf. Wer mit linguistischer Begrifflichkeit nicht eng vertraut ist, wird bald den Überblick verlieren, was denn nun noch realistisch möglich und was frei herbeifantasiert ist. Sogar den Fachleuten erging es offenbar nicht besser: Etliche Linguisten sprachen Burger auf seine dialektologischen Ausführungen an, besonders auf die konjunktivisch gemeinten Substantiv-Umlaute wie »de Töd« für einen eventuell eintretenden Tod. Er musste sie enttäuschen: Der Oberschilttaler Dialekt ist ein imaginäres Kuriositätenkabinett, aber linguistisch höchst plausibel gebildet nach den Kenntnissen aus einer Vorlesung über *Das Schweizerdeutsche in Zeit und Raum*, die Burger während des Studiums gehört hatte.

Es handelt sich um eine raffinierte Form, die Macht der Fiktion zu demonstrieren und ihr den Anschein von Faktizität zu geben: um eine Technik der *präzisen Übertreibung* – um eine Übertreibung *der* Präzision und eine Übertreibung *durch* Präzision. Es wird ein überbordendes Fachwissen aufgeboten, um die Fiktion so lange zu detaillieren und zu plausibilisieren, bis sie die Anmutung einer wissenschaftlich abgestützten Faktizität erhält. Zugleich wird diese Pseudofaktizität so in die Fiktion integriert, dass sie schlüssig aus dem Schauplatz, der Handlung und den Charakteren hervorgeht.

Dabei müssten spätestens beim »Töd« im Sinne eines eventuell eintretenden Todes Zweifel aufkommen – aber als diese Information im Text gestreut wird, hat die realientollwütige Suada längst einen solchen Sog erreicht, dass man sich ihr nicht mehr entziehen kann und gerne glaubt, es gebe am Ende dieses Stumpentals tatsächlich konjunktivisch gemeinte Substantiv-Umlaute.

Für die gegenläufige Technik, es nämlich mit den Fakten so lange zu übertreiben, bis sie ins Abstruse kippen, gibt es in Burgers Roman etliche Beispiele. Um nur eines herauszugreifen: Armin Schildknecht besitzt ein Harmonium, ein Tasteninstrument, bei dem der Ton dadurch erzeugt wird, dass die niedergedrückte Taste das Spielventil aufschnappen lässt, die Luft über eine Metallzunge, die sogenannte Durchschlagzunge, streicht und sie durch Vibration zum Erklingen bringt.

Die Frage ist nur, *wie* dieser Luftstrom erzeugt wird. Daran entzündete sich zu Beginn des 20. Jahrhunderts ein erbitterter »Harmonium-Weltkrieg«, in dem sich die Befürworter des *Druckluft-* und die Befürworter des *Saugluft*-Systems unversöhnlich gegenüberstanden. Der Roman geht auf diesen historischen Streitfall über viele Seiten mit aller wünschbaren Ausführlichkeit ein: Er behandelt die Argumente beider Kriegsparteien, er schildert die technischen Details, die bei der Beantwortung der Frage nach Druckluft oder Saugluft zu berücksichtigen sind, er nennt die Namen der jeweiligen Wortführer, er listet tabellarisch die wichtigsten Stationen der Kontroverse auf und zitiert die Streitschriften, in denen sich die Auseinandersetzung zutrug, so etwa Otto Tröbes' Beitrag *Harmoniumfreud und Harmoniumleid* oder Hermann Wees' Abhandlung *Das moderne Saugwind-Harmonium. Das Resonanz-Gebläse von Hermann Hildebrandt.*[56]

Vom Standpunkt der erzählerischen Ökonomie aus betrachtet sind diese Einlassungen zum »Harmonium-Weltkrieg« Exzesse eines Fanatismus, in dem sich zugleich der Fanatismus der Hauptfigur spiegelt. Auch sie zeichnet sich dadurch aus, dass sie um keine theoretische Eskapade verlegen ist und sich so verrennen kann, bis ihre Theorien zu Ausgeburten des Aberwitzes werden. Insofern fällt es leicht, den Streit zwischen Drucklüftlern und Sauglüftlern als typisch schilteske Fiktion abzutun. Tatsächlich wurde der Fall aber sauber exzerpiert aus mehreren Jahrgängen der Zeitschrift *Der Harmoniumfreund. Zeitschrift für Hausmusik und Kunst*, Carl Simon Musikverlag, erschienen ab 1907. Es handelt sich also beim »Weltkrieg« zwischen den Harmoniumfreunden um eine aus irgendwelchen Jahrbüchern herauskopierte Realität, die so lange ausgebreitet und vertieft wird, bis sie allmählich als verrückt erscheint.

VIII

Unheimliches Tal

Zwei Wege zur Simulation

Die Technik der schleifenden Schnitte verläuft entlang einer Achse zwischen dem Realen und dem Irrealen, auf der das Erzählen die Gewichte beliebig hin und her verschieben kann – bis die Achse umkippt und alles ins Gegenteil umschlägt. Was aber, wenn diese Achse wegfällt und sich die faketionalen Erzählstrategien in ein nach allen Seiten wucherndes Geflecht auflösen?

Einer der raffiniertesten Romane der letzten Jahre, *Indigo* von Clemens J. Setz von 2012, führt auf eindrucksvolle Weise vor, wie eine solche ›faketionale Poetik‹ aussehen könnte. Der Roman handelt von einem rätselhaften Phänomen: der sogenannten Indigo-Krankheit, über die eine amerikanische Esoterikerin im Jahr 1982 erstmals berichtet hat. Nach eigenen Angaben besitzt sie die Fähigkeit, die menschliche Aura sehen zu können, und nahm an gewissen Kindern einen Blauton wahr, eben das Indigoblau. Indigo-Kinder haben es an sich, dass sie bei allen, die in ihre Nähe kommen, Übelkeit, Schwindel, Kopfweh und Erbrechen verursachen. Der Begriff »Indigo-Kinder« verbreitete sich in esoterischen Kreisen, wurde aber von der wissenschaftlichen Medizin nie akzeptiert.

Mit solchen Kindern bekommt es auch Clemens Setz zu tun, als er als junger Mathematiklehrer im Proximity Awareness & Learning Center Helianau zu arbeiten beginnt, einem Internat, in dem nur Indigo-Kinder unterrichtet werden. Am eigenen Leib der Aura beziehungsweise »Zone« dieser Kinder ausgesetzt und aufmerksam geworden auf heimliche »Relokationen« (Abtransporte) bestimmter Kinder – und bald schon als Lehrer entlassen –, beginnt er, Nachforschungen anzustellen: Er spricht mit Leuten, die sich mit dem Phänomen aus wissenschaftlicher Perspektive befassen, er besucht Kinder und ihre Eltern, die an und unter der Krankheit leiden, er studiert die einschlägige Literatur und publiziert seine Erlebnisse und Ergebnisse in der Zeitschrift *National Geographic.* Und er recherchiert in einem Netzwerk aus finsteren Figuren, die mit diesen Kindern Geschäfte treiben. Clemens Setz selbst gerät in den Verdacht, einen Tierquäler durch langsames Abziehen der Haut brutal ermordet zu haben, wird vor Gericht aber freigesprochen.

»Man könnte sich kaputtgoogeln und verrücktsuchen«, hieß es in einer Rezension kurz nach Erscheinen des Romans, »wollte man der Echtheit aller Quellen und Zitate in diesem Roman auf den Grund gehen. Aber das ginge an der Sache vorbei, denn die Frage, die er uns permanent stellt, ist ja gerade diese: Könnte es etwa wirklich wahr sein?«[57] Erzähltheoretisch ausgedrückt: Wie schafft er es, diese Frage permanent zu stellen? Gerade angesichts der Tatsache, dass er von einer esoterischen Theorie handelt?

Der Text zieht alle Register, um den Schwindel, der vom Indigo-Syndrom ausgeht, auch auf die Leserschaft zu übertragen. Es beginnt schon bei der Autorenvita im Klappentext, einem normalerweise völlig unverdächtigen Paratext. Dort heißt es: »Clemens J. Setz wurde 1982 in Graz geboren. Nach dem Studium der Mathematik und Germanistik in Graz arbeitete er als Mathematik-Tutor u. a. im Proximity Awareness & Learning Center Helianau und als Journalist. Seit

2008 treten bei ihm die Spätfolgen der Indigo-Belastung auf. Heute lebt er als freier Schriftsteller zurückgezogen mit seiner Frau in der Nähe von Graz.«[58]

Der Autor als Patient: Clemens J. Setz, der im Text als Erzähler und Figur mit Klarnamen auftritt, verstrickt sich bereits in der Autorenvita unauflöslich ins Romangeschehen und steht mit dem eigenen Gesundheitszustand für die Tatsächlichkeit des Geschilderten ein. Wie sollte es die Indigo-Symptome nicht geben, wenn der Autor selbst schon im Paratext daran zu leiden erklärt? Und wie sollte es das Center in Helianau nicht geben, wenn er nach Auskunft seiner offiziellen Verlagsvita selber dort gearbeitet hat?

Noch bevor die Lektüre des Romans richtig angefangen hat, wird eine falsche Fährte gelegt. Und sie wird zu Beginn des eigentlichen Romantextes konsequent weitergezogen: Es folgt zunächst ein Brief an Clemens Setz von der Mutter eines Indigo-Kindes, das der Autor besucht und dabei das Bewusstsein verloren hat, sowie eine vom zuständigen Arzt unterzeichnete Patientenakte aus dem Landeskrankenhaus – Universitätsklinikum Graz. Dort wird dem Patienten »Setz, Clemens Johann« bescheinigt, zum Zeitpunkt seiner Aufnahme in die unfallchirurgische Ambulanz »nicht vital bedroht, kardiorespiratorisch stabil« gewesen zu sein, doch wies er eine »VLC [*Vulnus lacero-contusum,* also Platzwunde] frontal rechts« und eine »klaffende, blutende RQW [Rissquetschwunde] okzipital [am Hinterkopf]« auf.[59] Um die Glaubwürdigkeit dieser Dokumente noch zu erhöhen, sind beide, Brief und Patientenakte, typografisch vom ›eigentlichen‹ Romantext deutlich unterschieden (die Typografie hat Judith Schalansky gestaltet).

Dasselbe gilt für viele weitere Textteile des Romans: so zum Beispiel für die Auszüge aus wissenschaftlichen Texten zum Thema, wie sie der Autor/die Figur Setz in Mappen sammelt und stets mit Quellenangaben versieht, und vor allem für die historisierenden Texte, die als Faksimiles abgedruckt sind. Zu ihnen gehört insbesondere eine bislang unbekannte Kalendergeschichte von Johann Peter Hebel über *Die Jüttnerin von Bonndorf*, deren Kind sich unter der Einwirkung eines Kometen 1811 in ein »Kometen=Kind«[60] verwandelte und dieselben Auswirkungen auf das Umfeld hatte wie die Indigo-Kinder, die Setz als Mathematik-Tutor im Proximity Awareness & Learning Center Helianau kennenlernt. Dass der Ausdruck »Jüttnerin« mit seinem suggestiven historisierenden Hall nicht einmal im Grimm'schen Wörterbuch vorkommt, wird angesichts der faksimilierten und illustrierten Kalendergeschichte wohl niemanden weiter stören.

Der Schlüssel zum Verständnis dessen, was man mit Blick auf *Indigo* von Clemens J. Setz als eine ›faketionale‹ Poetik bezeichnen könnte, liegt weniger nur in solchen paratextuellen Finten und typografischen Fährten als vielmehr in der Theorie des »unheimlichen Tals« (*Uncanny Valley*). Sie stammt aus der Robotik und wurde zuerst 1970 vom Japaner Masahiro Mori aufgestellt. Im Roman wird sie in einer Dialogszene wie folgt erklärt:

> – Schau, hier, nimm mal diese Serviette. Und zeichne Babygesichter drauf.
>
> Robert tat es.
>
> – Okay, sagte Willi. Und jetzt denk mal an Data, ja?
>
> – An Data?
>
> – Ja. *Star Trek*.
>
> – Okay.
>
> – Der wurde von einem Menschen gespielt, der nur

wie ein Roboter geschminkt ist. Brent Spiner. Der ist heute fett und kahl, engagiert sich für wilde Bären. Aber damals war er noch ein gutaussehender Mann. Und man hat ihn silbern geschminkt und irgendwas mit seinen Augen gemacht – und fertig war der Roboter.

- Okay, sagte Robert.

Er zerknüllte gerade die Papierserviette, auf die er zuvor die Babygesichter gekritzelt hatte. Es hatte nichts zu bedeuten.

- Das ist der eine Weg, den du gehen kannst, okay?, sagte Willi. Du gehst von einem Menschen aus, in dem Fall von diesem Schauspieler, und veränderst ihn, bis er aussieht wie etwas, das noch in der Nähe von einem Menschen ist, aber eben schon keiner mehr ist – ein Roboter. Das ist der unproblematische, der einfache Weg. Aber man kann ihn auch von der anderen Seite gehen, und da wird's dann eben problematisch. Für unsere Psyche.
- Inwiefern?
- Was hat denn das mit dem irren Lehrer zu tun?, fragte Elke.
- Du beginnst mit irgendwas Pixeligem, sagte Willi zu Robert, was weiß ich, irgendeine schlechte Animation in einem Computer oder in der Wirklichkeit, eine grobe Simulation eines menschlichen Gesichts. Und du schaust dir das an und sagst dir, okay, das soll einen Menschen darstellen, irgendwie. Okay, verstehe ich. Aber dann – (Willi deutete mit seinem Zeigefinger direkt auf Elkes Brüste) –, dann kommt jemand, der hat einen richtig guten Computer zur Verfügung. Einen mit sozialer Kompetenz, so wie ein

iSocket. Und der bastelt dir eine wirklich gute Animation von einem menschlichen Gesicht, mit Mimik und allem. Und dann kommt noch einer, der das sogar noch besser hinkriegt. Und dann zeigt man das Ergebnis einer Reihe von Leuten. Und was glaubst du, war die Reaktion beim Großteil der Fälle?

Robert schubste die Papierkugel, die früher eine Serviette gewesen war, auf dem Tisch herum.

– Keine Ahnung, sagte er. Vielleicht waren sie beeindruckt, was weiß ich.
– Sie waren entsetzt. Sie bekamen Panikattacken. So wie die Leute im neunzehnten Jahrhundert, die aus dem Saal gelaufen sind, als der Zug auf sie zu –
– Aber die waren naiv, sagte Elke.
– Gut, man hat sich inzwischen an alles Mögliche gewöhnt. Aber die Menschen waren erschüttert, zutiefst erschüttert. Das nennt man das uncanny valley.
– Un…
– Unheimliches Tal, sagte Willi. Das erstreckt sich von fünfundneunzig bis neunundneunzig Prozent.[61]

Zwei Wege zur Simulation: Der eine geht aus vom zu simulierenden Objekt, in diesem Fall einem Menschen, und führt davon weg, indem er ihn so entfremdet, bis er zwar immer noch weitgehend wie ein Mensch aussieht, aber schon so weit davon entfernt ist, dass er wie dessen Simulation wirkt. Der andere Weg hat weniger einen klaren Ausgangs- als vielmehr einen klaren Zielpunkt und nähert sich ihm durch ständig verbesserte Simulationstechniken allmählich an, bis der Roboter möglichst wie ein Mensch aussieht. Der eine Weg ist somit ein Weg der Deviation, der andere ein Weg der Konstruktion.

Erstaunlich daran sind die Auswirkungen auf die Psyche: Es gibt bei konstruierten Simulationen einen Bereich, der unheimlich wirkt, bei einem sehr hohen Grad (95–99 Prozent) an simuliertem Realitätsgehalt. In diesem Begriff des »Unheimlichen« spielt dieselbe unauflösliche Dynamik aus Vertrautem und Unvertrautem, die schon Sigmund Freud in seiner Schrift über *Das Unheimliche* (1919) herausgearbeitet hat: Unheimlich im Sinne des unheimlichen Tals ist nicht das Vertraute, das ein wenig unvertraut wirkt, sondern das Unvertraute, das fast gänzlich wie das Vertraute aussieht. Je näher es daran herankommt, desto unheimlicher (und angstbesetzter) wird es plötzlich, bis es mit dem Vertrauten bei 100 Prozent theoretisch vollkommen übereinstimmt.

»Wir wollen so etwas nicht sehen. Etwas, das sich von der anderen Seite, von der anorganischen, unserer Seite nähert … sozusagen …«[62] Unterhalb der 95-Prozent-Marke dagegen wirkt es noch deutlich wie etwas, was mit dem Vertrauten nicht zu verwechseln und insofern auch nicht zu fürchten ist.

Diese Theorie des *Uncanny Valley* lässt sich aus der Robotik auf die Erzähltheorie übertragen. Das ist weniger abwegig, als es zunächst erscheinen mag. Bereits der italienische Autor, Aktivist, Theoretiker und Übersetzer Roberto Bui alias Wu Ming 1 hat dies 2008 getan, allerdings in einem leicht anderen Zusammenhang: mit Blick auf die »New Italian Epic« und das Phänomen der »Unidentified Narrative Objects«, also Texten, die sich keiner herkömmlichen Gattung zuordnen lassen und gerade die Grenzen zwischen Fakt und Fiktion absichtsvoll verwischen. Die Theorie des unheimlichen Tals dient Bui dazu, die Eindrücke zu beschreiben, die solche Texte auf die Lesenden haben.

Sein Beispiel ist Roberto Savianos Buch *Gomorrha* von

2006 über die globalen Machenschaften der süditalienischen Camorra, in dem, gemäß Bui, »the synthesis of non-fiction and auto-fiction is so subtle that it reaches uncanny heights«.[63] Saviano schert sich nicht um die Grenzen zwischen *fiction* und *non-fiction*, er ignoriert sie sogar ganz bewusst, indem er Polizeiberichte, Gerichtsdokumente et cetera mit persönlichen Erfahrungen und Erlebnissen wild durcheinandermischt. Dabei spricht er aus der Perspektive eines erzählenden Ichs, das gar nicht bei allen Szenen dabei gewesen sein kann, die es bezeugt, und so völlig unklar lässt, wer dieses *Ich* eigentlich ist: Saviano? Ein Erzähler? Jemand, in dessen Namen er spricht, der aber im Dunkeln bleibt? Oder immer jemand anderes? Fortwährend stellt sich bei der Lektüre die Frage: »Am I reading a piece of journalism or am I reading a novel disguised as a piece of journalism? You just entered the ›uncanny valley‹ of the unidentified narrative object.« Roberto Bui geht sogar so weit zu behaupten: »Every ›unidentified narrative object‹ has its ›uncanny valley‹.«

Die Frage nach dem Ich stellt sich auch in *Indigo* von Clemens J. Setz in verschärfter Form – beginnend mit der gefakten Autorenvita über die Figuren des Erzählers, Patienten, Dozenten und Nachforschers gleichen Namens bis hin zum Angeklagten in einem Mordprozess. Es handelt sich um eine Figur, in der die verschiedensten Simulationstechniken zusammenfließen, um einen täuschend echt auf den faktualen Autor hin entworfenen Erzählroboter herzustellen. Und dieser konstruiert aus einer esoterischen Theorie mit faketionalen Finten und Fährten eine Textur aus Recherche, Reportage und Roman, die permanent vor die Fragen stellt: Was verkleidet sich hier als was? Und wo ist der Punkt, an dem die erzählerische Kurve ins unheimliche Tal fällt?

IX

Autorität und Autorschaft
Quellgründe der Glaubwürdigkeit

Wer spricht? Mit welcher Stimme? An welchem Ort? Und auf welcher Grundlage? Wenn heute der Verdacht auf Faketizität eines Textes oder einer Nachricht aufkommt, wird er häufig dadurch auszuräumen oder zu erhärten versucht, dass man solche Fragen stellt. Meist läuft es darauf hinaus, den Absender einer Meldung zu eruieren und seine Glaubwürdigkeit zu bewerten. Das eingangs erwähnte Spiel *Factitious* von Maggie Farley und Bob Hone ist das beste Beispiel: Was geschieht, nachdem man entweder nach links oder nach rechts gewischt hat, *fake or real*? Es erscheint ein Fenster mit einer Angabe der Quelle und einer Einschätzung ihrer Verlässlichkeit – also im Falle der Nachricht, wonach in Südafrika ein Rennpferd namens »Präsident Trump« aufgrund seines störrischen Verhaltens habe kastriert werden müssen: »Quelle: *The Racing Post*. Die Racing Post ist eine britische Nachrichtenseite für Pferdesport. Sie können darauf wetten, dass sie glaubwürdig ist.«[64]

Diese Wette ist nicht immer so risikofrei. Denn einerseits kann sich natürlich auch auf seriösen Seiten eine Falschnachricht einschleichen, andererseits können natürlich auch Quellen gefälscht sein. In der Literatur besitzt das Verwirrspiel um Quellen eine lange und reiche Tradition und ist fester Bestandteil im Arsenal ihrer Faketionalisierungsstrategien. Engstens damit verbunden ist die Frage nach der Autorschaft: *Wer*, *wie* und *wo* spricht, ist für den fiktionalen, faketionalen oder faktualen Status eines Textes mindestens so maßgebend wie die Quellenlage, auf der dies beruht. Aus der Autorschaft erwächst Autorität: Es ist kein Zufall, dass die beiden Begriffe dieselbe Wurzel haben.[65]

Praktisch zeitgleich mit dem vorliegenden Essay erscheint der Debütroman von Martin Schneitewind mit dem Titel *An den Mauern des Paradieses,* entdeckt und mit einem Nachwort versehen von Michael Köhlmeier, aus dem Französischen übersetzt von Raoul Schrott. Der Roman hat eine überaus verwickelte Entstehungsgeschichte, die im Nachwort von Köhlmeier detailliert geschildert wird. Er kannte Schneitewind aus einer Wohngemeinschaft zu Studienzeiten in Marburg und schrieb viele Jahre später einen Roman, dessen Hauptfigur Schneitewind zum Vorbild hatte: *Die Abenteuer des Joel Spazierer,* 2013 erschienen.[66]

Ein halbes Jahr nach Schneitewinds Tod meldet sich dessen Lebensgefährtin bei Köhlmeier und bittet um ein Treffen in Frankfurt. Vom Verlag hat sie erfahren, dass der Schriftsteller zur Buchmesse in die Stadt kommt, um seinen neuen Roman vorzustellen. Also verabreden sich die beiden zum Frühstück in der Villa Orange in der Hebelstraße. Margit Geyer, mit der Schneitewind die letzten Jahrzehnte seines Lebens in Straßburg verbrachte, fragt Köhlmeier, ob er ein Romanmanuskript lesen und prüfen könne, das Schneitewind hinterlassen hat und das auf eine Zeit zurückgeht, da dieser in Mailand als Sportreporter beim *Corriere della Sera* arbeitete. Schneitewind, der schon zu Marburger Zeiten gegenüber Köhlmeier den Wunsch geäußert hatte, Schriftsteller zu werden, war bei seiner Arbeit für den *Corriere* dem italienischen Autor Dino Buzzati begegnet und hatte sich mit ihm angefreundet – mit dem großen Dino Buzzati, den damals in Italien jedes Schulkind kannte und der weltberühmt war für seine Kurzgeschichten – oft mit Kafka verglichen und von Camus übersetzt –, vor allem aber für seinen 1940 erschienenen Roman *Il deserto dei Tartari* (*Die Tatarenwüste*).

Zu dem Zeitpunkt, da sich Schneitewind mit ihm anfreundete, hatte Dino Buzzati seit vielen Jahren keinen Roman mehr geschrieben. Schneitewind gelang es, ihn zu überreden, es doch noch einmal zu versuchen – und versprach, ihm dabei zu helfen. Damit traf er »die Wunde des Schriftstellers [...], die Wunde, die nach Heilung verlangte«[67], wie Köhlmeier in seinem Nachwort feststellt. Tatsächlich begann Buzzati wieder zu schreiben und saß jeden Tag bis zu fünf Stunden an der Schreibmaschine – aber er konnte nicht mehr, es fiel ihm nichts ein, was seinem kritischen Urteil, und demjenigen Schneitewinds, standgehalten hätte. Doch Schneitewind half, und so drehte sich das Verhältnis zwischen Buzzati und ihm allmählich um: Buzzati lieferte dem Freund jeden Tag eine Seite, oft auch nur eine halbe, und dieser korrigierte nicht nur oder formulierte um, sondern strich sie zusammen und baute sie vor allem aus. Dazwischen besprachen sie abends auf der Terrasse von Buzzatis Haus den Plot und die Charakteristik der Figuren, bis sich schließlich die beiden Autoren einander vollkommen anverwandelt hatten – in Köhlmeiers Worten: »Martin Schneitewind wurde zu Dino Buzzati, Dino Buzzati zu Martin Schneitewind. Der alte Schriftsteller identifizierte sich mit dem jungen, der junge spürte dem Genie des alten nach.«[68] Entstanden ist aus dieser symbiotischen Zusammenarbeit ein Roman, der den Titel *Sotto la Parete del Paradiso* trägt. Gemäß Margit Geyer stammt er gänzlich aus der Feder Schneitewinds – Buzzati habe den Text am Ende nur überarbeitet und Schneitewinds Sätze, aus mangelnder Vertrautheit mit der italienischen Sprache manchmal etwas unbeholfen, schöner und einfacher gemacht, inhaltlich aber nichts verändert.

Ein neuer Roman des weltberühmten Dino Buzzati wäre nach so langer Zeit des Schweigens eine Sensation gewesen, und also setzte Buzzatis italienischer Verleger Schneitewind unter Druck, damit der Text ohne dessen Namen veröffentlicht werden konnte – nicht einmal in der Danksagung sollte er erwähnt werden. Das ließ sich dieser aber nicht gefallen und brach kurzerhand nachts ins Verlagsgebäude ein, um das einzige existierende Manuskript zu stehlen und danach das Land umgehend zu verlassen. Die Öffentlichkeit hat von der ganzen Geschichte nie erfahren. Später habe sich Schneitewind, so Margit Geyer, mit dem Gedanken getragen, den Roman bei einem französischen Verlag herauszubringen, und habe ihn (Schneitewind war zweisprachig im Elsass aufgewachsen) aus dem Italienischen ins Französische übersetzt und dabei gründlich überarbeitet. Das italienische Original existiere nicht mehr; Schneitewind habe es vermutlich vernichtet, um alle Spuren zu Dino Buzzati zu verwischen.

Michael Köhlmeier hat das Manuskript nach dem Treffen in Frankfurt an sich genommen, kann aber kein Französisch. Hier kommt der Übersetzer Raoul Schrott ins Spiel: Er fertigte eine vorläufige Übersetzung an, damit Köhlmeier den Text lesen konnte. Und dessen Eindrücke waren überwältigend, wie er im Nachwort bekennt: »Als ich mit der Lektüre ans Ende gekommen war, da meinte ich, sämtliche Romane, die ich je gelesen hatte, ließen sich in zwei Kategorien einteilen, nämlich in diesen und in alle anderen.«[69] Also entschloss sich Michael Köhlmeier dazu, den Roman in einer von Raoul Schrott sorgfältig übersetzten und ausführlich kommentierten Ausgabe zu veröffentlichen.

Welche Form von Autorschaft liegt hier vor? Und welche Autorität verleiht sie dem Text? Am Ausgangspunkt steht eine symbiotische Verbindung zweier Autorsubjekte: eine wechselseitige Anverwandlung, die nicht zulässt, das eine Subjekt vom andern noch zu unterscheiden. Obschon Margit Geyer behauptet, dass der Roman bereits in seiner ersten Fassung »zur Gänze von Martin Schneitewind stammte«[70], widerspricht sie mit ihrer Erzählung dieser Behauptung gleich wieder. Denn ganz am Anfang der Textgenese stehen die halben oder ganzen Seiten, die sich Dino Buzzati in stundenlanger Arbeit täglich abringt. Und selbst wenn Schneitewind von diesen Vorlagen nur wenige Worte stehen lässt – und die auch nur, weil er »nicht respektlos sein wollte«[71] –, so bleiben sie dem Text immerzu eingeschrieben. Es ergibt in diesem Fall auch gar keinen Sinn, die eine Autorschaft gegen die andere ausspielen zu wollen – weder von der Seite Schneitewinds her, wie es Margit Geyer tut, noch von der Seite Buzzatis her, wofür es ebenfalls Argumente gäbe. Vielmehr handelt es sich um eine amalgamierte Autorschaft, in der die involvierten Autorsubjekte untrennbar aufeinander angewiesen bleiben.

Und was ist mit Michael Köhlmeier und Raoul Schrott? Auch sie gehören zum Autorenkollektiv, der eine als ›Entdecker‹, Prüfer und Übermittler des Textes, der dessen Entstehungsgeschichte nach dem Zeugnis Margit Geyers nacherzählt und damit die Rezeption steuert, der andere als Übersetzer und Kommentator. Aber was weiß der eine vom anderen? Wenn Köhlmeier tatsächlich kein Französisch kann, wie er bekennt, so begibt er sich ganz in die Hände seines Übersetzers, ohne Zugriff auf die Vorlage zu haben. Und der Übersetzer selbst hat es mit einer Vorlage zu tun, die wiederum eine Übersetzung und eine Überarbeitung einer Vorlage darstellt, die nicht mehr greifbar ist und von der sich nicht einmal sagen lässt, wer sie letztendlich hergestellt hat.

Wo also ist die Quelle? Sie lässt sich nicht eindeutig lokalisieren. Der Text speist sich aus vier Quellgründen, die in einen einzigen Erzählstrom zusammenfließen. Und die Autorschaft? Sie hat eine vierfache Wurzel und ist doch ohne zureichenden Grund. *An den Mauern des Paradieses* ist ein Paradebeispiel für eine literarische Faketionalisierungsstrategie, die über mehrere Vermittlungsschritte die Fragen nach der Quellenlage und der Autorschaft aushebelt und den Text in die größtmögliche Autonomie entlässt.

X

Das Märchen vom Märchen
Über die Suggestion der Dokumentation

Es gibt viele Formen der Fiktion, die keinerlei Anspruch erheben, als faktisch zu gelten, wie der Fake es immer tut: So hieß es zu Beginn dieses Essays mit Blick auf Textsorten wie Märchen, Fabeln, Parabeln oder fantastische Erzählungen. Aber trifft dies tatsächlich zu? Gibt es ›reine‹ Formen der Fiktion, bei denen keinerlei Unsicherheit darüber aufkommen kann, dass sie nicht mit faktualem Erzählen zu verwechseln sind?

Den Gegenbeweis hat ein Buch erbracht, das 1963 erschien und für unerhörte Aufregung sorgte. Es handelt von Georg Ossegg, einem Studienrat in Aschaffenburg, der als Begründer der »Märchenarchäologie« in die Geschichte eingegangen ist. Wie so viele Kinder war Ossegg in jungen Jahren von Märchen fasziniert – allerdings auf seine sehr eigene Weise: Er verstand sie nicht als wundersame Geschichten, sondern wollte sie von früh an gegen die Argumente der exakten Wissenschaften verteidigen. So hat er im Alter von elf Jahren nach der Lektüre des Märchens vom *Süßen Brei* in der Waschküche seiner Großeltern mit einer Mischung aus Wasser, Hirse, Natron und Hefe den experimentellen Nachweis zu erbringen versucht, dass sich süßer Brei, wenn man ihn lange genug kocht, tatsächlich so verhält, wie bei den Brüdern Grimm beschrieben: dass er über den Rand des Topfes hinausgeht und unaufhörlich sein Volumen vergrößert.

Das Scheitern dieses Experiments war für Georg Ossegg

indes kein Grund, sich beirren zu lassen. Er blieb seinem Ansatz treu, Märchen auf ihren Wirklichkeitsgehalt hin zu überprüfen – und hatte damit durchschlagenden Erfolg: Er führte ihn viele Jahre später zu einer Entdeckung, die nach ihrer Veröffentlichung in der Presse gefeiert wurde als »ein Ereignis in der Geschichte der Wissenschaft, das seinesgleichen sucht«.[72]

Inspiriert von Heinrich Schliemann, der mit Homers Text in der Hand Troja gefunden hatte, beschloss Ossegg nämlich, »etwas zu tun, was vor ihm niemandem eingefallen war: er las das Märchen von Hänsel und Gretel, als ob es ein Tatsachenbericht sei«.[73] Oder technischer ausgedrückt: Er las einen Text, der alle Hinweise darauf gibt, dass er im Fiktionalbewusstsein gelesen werden will, mit dem denkbar nüchternsten Realbewusstsein.

Ossegg ging mit philologischer Akribie und detektivischem Instinkt ans Werk: Er suchte den Märchentext der Brüder Grimm auf alle Indizien ab, wo das Geschehen genau zu lokalisieren sei, wann es stattgefunden haben könnte und wer dahinterstecken mag. Das erwies sich als nicht gerade einfach, da der Text, wie bei Märchen üblich, nur sehr wenige konkrete Hinweise gibt. Im Gegenteil: Die Beschreibung der Szenerie ist »eigentümlich flach und verschwommen«[74] – aus Gründen, denen Ossegg erst viel später auf die Schliche kommen sollte.

Den ersten Hinweis verdankte er denn auch nicht den Brüdern Grimm, sondern einem Bauern im Spessart, bei dem er zu Ende des Krieges einquartiert war. Dieser warnte ihn eindringlich vor dem Betreten eines bestimmten Waldes, denn »das wäre der Hexenwald und der hieße nicht umsonst so«[75], wie Ossegg in seinem Tagebuch notierte. Auf Nachfrage wusste der Bauer aber leider nichts Genaueres, als dass der besagte Wald schon immer »der Hexenwald« gewesen sei und sein Großvater ihm erzählt habe, weit drinnen gebe es ein Hexenhaus, das hätte er selber noch gesehen.

Nun soll es allein im hessischen Waldgebiet 16 verschiedene Hexenwälder geben. Es handelt sich also um keine distinkte Flurbezeichnung. Doch als Georg Ossegg viele Jahre nach seiner Begegnung mit dem Bauern den genannten Hexenwald betritt und einen Fuhrweg entlangschreitet, kommt ihm der Zufall – oder vielmehr das eigene Bildergedächtnis – zu Hilfe: Plötzlich erinnert er sich an ein Bild, das er seit Kindertagen kennt und das sich in einer sehr frühen, zu Lebzeiten der Brüder Grimm erschienenen, nur einmal aufgelegten und längst vergessenen Ausgabe der *Kinder- und Hausmärchen* aus dem Jahr 1818 findet. Die Illustration zeigt einen von Eichen, Fichten und Buchen gesäumten Waldweg, auf dem Hänsel und Gretel in der Tiefe des Raums dahingehen, auf einen Horizont zu, der von einer spitz zulaufenden Hügellinie abgeschlossen wird. Genau dieses Bild bot sich Ossegg, als er den Hexenwald betrat; die Märchenillustration war offensichtlich nach einer Naturstudie entstanden. Denkbar also, dass sich Ossegg auf dem Weg befand, den auch Hänsel und Gretel mit ihren Eltern gegangen waren.

Er brauchte aber einen Beweis, und den fand Ossegg mittels seiner »Gegenlichttheorie«, die er aus dem Text ableitete: Als Hänsel und Gretel mit den Eltern eine Weile gegangen sind, hält Hänsel immer wieder an und sieht sich nach dem Elternhaus um. Als der Vater ihn fragt, was er da tue, gibt er zur Antwort: »›Ach, Vater, ich seh nach meinem weißen Kätzchen, das sitzt oben auf dem Dach und will mir Ade sagen.‹ Die Mutter sprach ›Narr, das ist dein Kätzchen nicht, das ist die Morgensonne, die auf den Schornstein scheint‹.«[76] Damit sich diese optische Täuschung einstellen kann, schloss Ossegg, muss der Schornstein im Gegenlicht gestanden haben, das alle von ihm beschienenen Gegenstände zu einer einzigen Silhouette zusammenzieht. Vorausgesetzt, dass die Sonne schon damals im Osten aufging, musste der Weg folglich von Osten nach Westen führen.

Also ging Ossegg in die entgegengesetzte Richtung, in der Hoffnung, am östlichen Ende des Weges auf Hinweise auf das Elternhaus zu stoßen. Und das tat er auch: Zwar fand er das Haus nicht mehr, weil es der Autobahn Frankfurt–Würzburg zum Opfer gefallen war, aber dafür amtliche Dokumente, wonach genau an dieser Stelle bis vor Kurzem ein altes »Fachwerkhaus mit Scheune sowie eine[m] Garten mit 18 Obstbäumen« gestanden hatte.[77] Wenn dies das Elternhaus war und die Gegenlichttheorie stimmte, musste Ossegg nur wieder geradeaus nach Westen gehen, bis er auf eine größere Lichtung traf, um am Ort zu sein, wo Hänsel und Gretel von ihren Eltern neben einem Feuer verlassen worden waren.

Auch hierbei hielt sich Ossegg streng an den Text und bediente sich zugleich experimenteller Methoden: Er füllte die Hosentaschen eines achtjährigen Knaben mit Kieselsteinen und ließ ihn vom vermuteten Elternhaus aus in Richtung Westen gehen, wobei der Knabe in regelmäßigen Abständen Steine zu Boden warf, so, dass er vom nächsten aus den letzten gerade noch sehen konnte. Doch als die Hosentaschen leer waren, standen sie auf keiner Lichtung. Sie fanden sie erst, als Ossegg selbst das Experiment wiederholte und aufgrund seiner Körpergröße und des entsprechend höheren Blickwinkels die Kieselsteine in weiteren Abständen geworfen hatte. Musste man daraus schließen, dass Hänsel und Gretel gar keine Kinder, sondern in Tat und Wahrheit Erwachsene waren?

Sorgsam und geduldig untersuchte Ossegg nun die Lichtung wie auch die umstehenden Bäume und fand am Stamm einer alten Eiche die Reste einer tief eingewachsenen Hanfschnur, darunter eine stark verharzte Wunde. Das musste die Schnur mit der Axt sein, die Hänsel und Gretel zu hören meinten, als sie neben dem Feuer vergeblich auf die Eltern warteten: »sie glaubten, der Vater wäre noch im Wald, weil sie die Schläge einer Axt hörten, aber das war ein Ast, den er an einen Baum gebunden hatte, und den der Wind hin und her schlug.«[78] Ein Karbontest ergab, dass die Reste der Schnur 315 Jahre alt waren, der Baum selbst zählte 355 Jahresringe. Die historischen Vorbilder von Hänsel und Gretel mussten also zur Zeit des Dreißigjährigen Krieges gelebt haben.

So zufriedenstellend die Ergebnisse für Ossegg bis zu diesem Punkt waren: Auf der Lichtung schien sich die Spur von Hänsel und Gretel zu verlieren. Von dort aus waren die beiden tage- und nächtelang durch den dunklen Wald geirrt und erst am Mittag des dritten Tages beim Hexenhaus angekommen. Doch laut Märchentext lag zwischen Elternhaus und Hexenhaus ein Fluss, den Hänsel und Gretel auf dem Heimweg überwinden mussten. Den gab es auch im Hexenwald, was es erlaubte, das Suchgebiet auf wenige Quadratkilometer einzugrenzen. Zudem mutmaßte Ossegg, dass auch eine Hexe, die im tiefsten Wald lebt, Wasser braucht und das Hexenhaus also in der Nähe eines Brunnens oder einer Quelle stehen musste. Mit einem Netz von Planquadraten wanderte er das Gelände systematisch ab und stieß nach fast zwei Monaten auf einen Ort, der ihn wiederum schlagend an eine Illustration in der Ausgabe von 1818 erinnerte.

Hier fing Ossegg an zu graben und wurde reicher belohnt, als er hoffen durfte: Er legte den Rest einer Brunneneinfassung frei, die Grundmauern eines Hauses sowie die Fundamente von vier Backöfen. In einem der Backöfen fand er die Überreste eines weiblichen Skeletts, an der Ostwand des Hauses eine kleine eiserne Truhe mit den schwärzlichen Bruchstücken eines Lebkuchens, Backgeräte verschiedenster Art, ein handgeschriebenes Rezept sowie beim Eingang eine Türangel, die offenbar mit Gewalt abgebrochen worden war.

Diese Indizienlage veränderte alles und verwandelte das kinder- und hausgerechte Märchen in einen historischen Kriminalfall. Gerichtsmedizinische Untersuchungen, durchgeführt an der Universität Leyden, ergaben, dass die Frau bereits tot war, wahrscheinlich erwürgt, bevor sie verbrannte. Den entscheidenden Hinweis, der den ganzen Fall schließlich aufdeckte, fand Ossegg aber wiederum bei den Brüdern Grimm. Von der Hexe ist der folgende Spruch überliefert: »knuper, knuper, kneischen, / wer knupert an meinem Häuschen?«[79] Das ist, wie Ossegg erkannte, der Dialekt der Harzbewohner in der Gegend von Wernigerode; schon wenige Kilometer weiter östlich müsste es phonetisch »gnubber« und »gneischen« heißen. Also machte sich Ossegg auf nach Wernigerode und entdeckte im dortigen Stadtarchiv in einem Pergamentband ein einzigartiges Dokument: zwei eng beschriebene Seiten über den Prozess gegen Katharina Schraderin im Jahr 1647. Sie sind im Forschungsbericht auch abgedruckt, in schönster Grimmelshausen-Sprache verfasst. Katharina Schraderin war der Hexerei angeklagt, »verübt mit Hilfe eines Teufelsbackwerks«.[80]

Mit diesem Beleg und den Beweisstücken, die er sichergestellt hatte, konnte Ossegg den Fall nun lückenlos rekonstruieren und dokumentieren: Die »Bakkerhexe« Katharina Schraderin war die Bewohnerin des Hauses am Engelesberg, dessen Grundmauern Ossegg freigelegt hatte; sie war denunziert worden von Hans Metzler, dem Hofbäcker zu Nürnberg, der sie um ihre geheim gehaltenen Lebkuchenrezepte beneidete; und da er den Prozess verlor und sie nicht außer Gefecht setzen konnte, machte er sich zusammen mit seiner Schwester Grete auf zum Haus im Wald, wo sie die Tür aufbrachen, die Bewohnerin erwürgten, zu den Backöfen schleiften und verbrannten. Nur das Geheimrezept fanden sie offenbar nicht. Das fand erst Georg Ossegg Jahrhunderte später.

Und die Brüder Grimm? Sie wussten alles, hielten die Geschichte für ihre Märchensammlung aber für zu gewalttätig. Also griffen sie ein: Sie haben, so der von Ossegg wiederholt geäußerte Vorwurf, ihre Schilderung aus ethisch-didaktischen Gründen »vorsätzlich manipuliert«.[81]

Als *Die Wahrheit über Hänsel und Gretel* von Hans Traxler 1963 erschien, war die Resonanz riesig, sowohl im Feuilleton als auch in der Leserschaft. »Habe Ihr Hänsel- u. Gretel-Buch gelesen und finde keine Ruhe mehr«, klagte eine Leserin oder ein Leser aus Nürnberg in einem Brief an den Autor, und jemand aus Dortmund schrieb verzweifelt: »Jetzt bin ich es endgültig leid: Wer, zum Teufel, kann mir denn verbindlich sagen, was es mit dem Hänsel- und Gretel-Buch auf sich hat? Der SPIEGEL schreibt hüh, die ZEIT schreibt hott, keiner sagt, was richtig ist. Ich bitte Sie, ich flehe Sie an: Sagen Sie mir, was stimmt.«[82]

Überrascht, aber überzeugt: So lässt sich der Tenor der Pressestimmen auf Osseggs Enthüllungen zusammenfassen. Die *Frankfurter Rundschau* schrieb: »Neben dem Gang der Ossegg'schen Untersuchung selbst überzeugt auch der große wissenschaftliche Apparat […]. Dies alles deutet auf die Gründlichkeit hin, mit der das erste märchenarchäologische Werk der Weltgeschichte verfasst wurde. Das Wort hat nun die Germanistik!« Und in der *Frankfurter Allgemeinen Zeitung* stand: »Die einzige und gar nicht beschwerliche Aufgabe, die dem Gebildeten jetzt noch zufällt, ist die aufmerksame Lektüre des packenden Forschungsberichtes DIE WAHRHEIT ÜBER HÄNSEL UND GRETEL.«[83] Schließlich sah sich der Autor genötigt, im Zweiten Deutschen Fernsehen zu erklären, seine Dokumentation sei von A bis Z erfunden. Es wurden sogar Ermittlungen wegen Betrugs aufgenommen, aber schon bald wieder eingestellt.

Nur die Frage bleibt: Wie war das möglich? Und die Antwort kann nur lauten: mithilfe eines ganzen Arsenals an Plausibilisierungs- und Suggestionsstrategien. Es beginnt schon bei den paratextuellen Signalen: Nicht nur verspricht das Buch im Haupttitel die *Wahrheit* über Hänsel und Gretel, es kündigt im Untertitel auch eine *Dokumentation* des Märchens der Brüder Grimm an. Dieser Ankündigung wird das Buch auch vollauf gerecht: Es ist reich, überreich bestückt mit Illustrationen, (vermeintlichen) Reproduktionen, Fotografien, Modellbildern, Karten und Skizzen, die jeden einzelnen Schritt der Argumentation belegen und bebildern – und in ihrer Häufung zugleich vernebeln. Dass sie mit einfachsten und billigsten Mitteln hergestellt wurden, wie Hans Traxler später erläutert hat, nimmt ihnen nichts an Plausibilisierungskraft. Entscheidend ist, wie suggestiv die Bilder arbeiten – nicht nur die Fotografien, die in der Ästhetik von Beweisfotos gehalten sind und beispielsweise ein Skelett oder eine Backform oder ein Lebkuchenstück oder eine zerbrochene Türangel zeigen.

So wird auch die Illustration in der Ausgabe von 1818, die Ossegg erst auf seine Fährte brachte, einer Fotografie gegenübergestellt, die einen sehr ähnlichen Waldweg zeigt. Wie auf der Illustration finden sich auch auf der Fotografie in der Tiefe des Raums zwei Figuren, von denen es in der Bildlegende heißt, sie dienten dazu, »die Größenverhältnisse zu verdeutlichen«.[84] Tatsächlich dienen sie dazu, eine Parallelität der beiden Bilder zu suggerieren: Unwillkürlich meint man beim Betrachten der Fotografie, da gingen Hänsel und Gretel wieder in den Wald hinein. So spielt es letztlich auch keine Rolle mehr, dass man die Hügellinie am Horizont, die in der Illustration ein markantes Merkmal ist, auf der Fotografie gar nicht sieht – was der Text auch freimütig einräumt: »Die Hügellinie am Horizont (sie schimmert heute nur noch schwach durch die Zweige) …«[85]

Solche Suggestionen und Insinuationen gibt es im Text zuhauf. Von Anfang an wird mit einer eigentümlichen Verdachtshermeneutik operiert: Man merkt früh, dass an der Geschichte von Hänsel und Gretel, wie sie von den Brüdern Grimm überliefert wurde und der ganzen Leserschaft wohlbekannt ist, etwas nicht stimmen kann – noch ohne den geringsten Beweis gesehen zu haben. Allein der Umstand, dass das Märchen die Schauplätze wenig konkret schildert, wird zum Anlass für Unterstellungen: »Gab es etwas im Leben der Geschwister, das nicht in das ethische Konzept der Brüder Grimm passte? Wollte man also Nachforschungen dadurch vereiteln, dass man das Wann, Wie und Wo vernebelte?«[86] Je früher solche Unterstellungen gemacht und je häufiger sie im Text wiederholt werden, desto weniger wird man am Ende noch überrascht sein, dass der Kriminalfall tatsächlich nicht ins ethische Konzept der Brüder Grimm passte.

Zu dieser suggestiven Rhetorik gehört schließlich auch, dass immer wieder betont wird, wie erstaunlich eigentlich alles sei, was hier geschildert werde. Damit gibt sich der Autor als kritische Instanz zu erkennen und entlastet gleichzeitig die Leserschaft von ihrer Aufgabe, selber eine kritische Instanz zu sein – etwa in der folgenden Art: »Es wird immer erstaunlich bleiben, wie sein präzises Dialektgefühl den Forscher mit fast nachtwandlerischer Sicherheit nach Wernigerode führte.«[87] In der Tat wird dies immer erstaunlich bleiben – und jede Leserin und jeder Leser wird diese Einschätzung des Autors zunächst einmal teilen, bevor sie oder er sie allenfalls hinterfragt.

Georg Osseggs origineller Ansatz bestand darin, einen Text, der alle Hinweise darauf gibt, dass er im Fiktionalbewusstsein gelesen werden will, mit detektivischem Realbewusstsein zu lesen. Damit hat er auch gleich den Lesern der *Wahrheit über Hänsel und Gretel* die Spur vorgezeichnet: Auch sie haben, wenn sie auf den Wissenschaftsfake hereingefallen sind, einen Text im Realbewusstsein gelesen, der eigentlich im Fiktionalbewusstsein zu lesen wäre – einfach mit dem Unterschied, dass er im Gegensatz zum Märchen alles unternimmt, um dies zu verschleiern.

XI

Über die Wahrheit des Fakes im außermoralischen Sinn

Was verrät ein Fake?

Die gegenwärtige Debatte über den Fake ist in erster Linie eine politische Debatte, keine philosophische oder ästhetische. Sie hat es mit einem Phänomen zu tun, das sich als manipulativer Überhang an Fiktionalität über die Faktizität beschreiben lässt. Solche Manipulationen können aus unterschiedlichsten Gründen und mit verschiedensten Zielen geschehen, erfolgen aber meist aus unlauteren Absichten. Entsprechend trägt die Debatte auch moralische Züge: Der Fake gilt als eine Plage der Gegenwart, die mit allen Mitteln bekämpft und nach Möglichkeit wieder aus der Welt geschafft werden soll.

Was falsch ist, ist deswegen nicht auch böse. Was falsch ist, kann sogar nützlich, ja unentbehrlich sein, gerade auf der Suche nach der Wahrheit. Diesen verwegenen Gedanken hat der Philosoph Hans Vaihinger in seinem Grundlagenwerk *Die Philosophie des Als Ob* (1911) bis in die letzten Verästelungen durchdacht. Es handelt sich dabei um eine philosophische Abhandlung von 800 Seiten, die aber schon in den *Vorbemerkungen zur Einführung* die leitende Fragestellung auf den Punkt bringt: »So sei denn auch hier gleich zum Eingang die Frage klar und scharf formuliert, welche in diesem Buche aufgeworfen wird: Wie kommt es, dass wir mit bewusstfalschen Vorstellungen doch Richtiges erreichen?«[88]

Das entscheidende Wort ist das ungewohnte Adjektiv *be-*

wusstfalsch. Es handelt sich also nicht um Fehler, denen unsere Vorstellungen unterliegen, ohne dass wir es merkten und wüssten. Es handelt sich vielmehr um Vorstellungen, mit denen wir operieren, obschon wir wissen, dass sie willkürlich und falsch sind. Und dennoch operieren wir mit ihnen glücklich und erfolgreich, mehr noch: Wir kämen ohne sie überhaupt nicht zum Ziel.

Das ist kein Phänomen, das sich auf bestimmte Felder eingrenzen ließe, sondern es ist ein allgemeines Prinzip: Es zeigt sich im theoretischen Bereich zum Beispiel in der Vorstellung vom Atom, im praktischen Bereich in der Vorstellung von der Willensfreiheit und im religiösen Bereich in der Vorstellung von der Gnade. Sie alle sind logisch widerspruchsvoll, aber überaus ertragreich. Für Vaihinger steht fest: »Wir kommen im theoretischen, im praktischen und im religiösen Gebiet zum Richtigen auf Grundlage und mit Hilfe des Falschen.«[89]

Im Zentrum seiner Überlegungen steht einer der beiden Begriffe, die dem vorliegenden Essay seinen Titel geben: der Begriff der *Fiktion*. Er wurde hier bislang bewusst nicht zu definieren versucht (zumal dies allgemeingültig wohl gar nicht möglich ist), sondern als heuristischer Terminus verwendet, um die *andere Seite* des Fakes zu beleuchten – anders im Vergleich zum Fakt.

Vaihinger nun grenzt zwei grundlegend verschiedene Formen der Fiktion voneinander ab: die wissenschaftliche Fiktion von allen anderen Fiktionen, insbesondere den ästhetischen, die er denn auch nicht Fiktionen, sondern »Figmente« zu nennen vorschlägt. Während Fiktionen dem Zweck des Denkens dienen müssen, brauchen Figmente ›bloß‹ ästhetische Empfindungen zu wecken: »Also z.B. Pegasus ist ein Figment, Atom ist eine Fiktion.«[90] Zudem unterscheidet

Vaihinger zwischen einer wissenschaftlichen Fiktion und einer Hypothese: Diese geht stets auf die Wirklichkeit und bedarf entsprechend der Verifikation beziehungsweise Falsifikation, jene hingegen zielt allein auf die Zweckmäßigkeit, unbesehen ihres Deckungsgrades mit der Wirklichkeit.

Ausschlaggebend ist die Funktion der Fiktion: »Das Denken macht Umwege: dieser Satz enthält das eigentliche Geheimnis aller Fiktionen.«[91] Umweg heißt hier, dass Fiktionen bloße Durchgangspunkte des Denkens auf dem Weg zur Erkenntnis sind – auf dem indirekten Weg, der über die Falschheit führt. Fiktionen sind Kunstgriffe und Hilfsoperationen des Denkens, deren es sich bedient, um sein Ziel zu erreichen, und von denen es gleichzeitig weiß, dass sie falsch sind: »Fiktion nenne man jede bewusste, zweckmäßige, aber falsche Annahme.«[92] Der Wert einer Fiktion bemisst sich folglich einzig nach dem Ertrag, den sie abwirft.

Damit gerät die Wahrheit in eine bedenkliche Nähe zu ihrem Gegenteil. Sie ist sogar darauf angewiesen. Vaihinger sagt es ganz offen: »Wie nahe dadurch Täuschung und ›Wahrheit‹ gerückt werden[,] liegt auf der Hand.« Und er fügt hinzu: »Wir werden noch unten darauf hinweisen, dass ›Wahrheit‹ nur der zweckmäßigste Irrtum sei.«[93]

Fake und Fiktion: Es versteht sich von selbst, dass ein zeitgenössischer Fake mit dem, was Vaihinger unter dem Begriff der Fiktion fasst, nicht gleichzusetzen ist. Doch teilt er mit ihr eine entscheidende Eigenschaft: dass er ein *bewusstfalsches* Phänomen ist, zumindest aus der Perspektive derer, die ihn produzieren und mit ihm operieren, auch wenn sie damit nicht auf der Suche nach der Wahrheit sind, sondern ihre Wahrheit beziehungsweise Interessen durchsetzen wollen. Vor allem aber lässt sich daraus die Frage ableiten, ob der Fake tatsächlich immer nur in Hinsicht darauf, inwieweit er gegen die Fakten verstößt, betrachtet werden muss – oder ob er nicht auch, ergänzend dazu, in Hinblick darauf analysiert werden kann, was er bei aller Falschheit an ›Wissen‹ zum Vorschein bringt und wie er konstruiert ist.

Jeder Fake hat etwas ›Bewusstfalsches‹ an sich, sonst wäre er kein Fake. Doch wenn er eine Wirkung erzielt, hat er immer auch etwas anderes an sich, das weder *richtig* noch *wahr* sein muss, aber zumindest *aufschlussreich*, wenn nicht gar *verräterisch*. Der Fake besitzt ein epistemisches Moment: Er transportiert eine Form von ›Wissen‹ und lässt sich folglich auch unter diesem Gesichtspunkt behandeln. Dies kann nicht nur im Sinne einer Berichtigung von Falschwissen geschehen, das sich anhand einer Faktenlage aufzeigen lässt, sondern auch im Sinne des ›Wissens‹, das in einen Fake investiert wurde und durch ihn aktiviert wird – und handle es sich auf beiden Seiten auch nur um eine diffuse Gemengelage aus Vermutung und Verdacht oder gar aus Ressentiment und Hass.

Fakes brauchen Echoräume. Etwas muss mitschwingen, sonst verhallen sie im luftleeren Raum. Ein einzelner Spinner kann irgendetwas erzählen und verbreiten; wenn er damit auf keinen Echoraum stößt, wird ihn niemand hören, und es wird entsprechend auch keine Auswirkungen haben, was er sagt. Ein Fake hingegen, der Furore machen will, muss auf einen Resonanzboden fallen, um ein Erdbeben auslösen zu können.

Eine Perspektive, die nach den epistemischen Aspekten des Fakes *als einer Form von Fiktion* fragt, lässt sich in verschiedene Parameter unterteilen:

Wenn der Fake eine INTENTION bedingt, so lässt er sich befragen nach den *Absichten* derer, die ihn in die Welt gesetzt haben.

Wenn der Fake aus einer spezifischen Dialektik von WISSEN UND NICHTWISSEN resultiert, gibt er Aufschluss über die *Ansichten* derer, die ihn in die Welt gesetzt haben – und derer, die mit ihm erreicht werden sollen.

Wenn der Fake auf Verfahren wie PLAUSIBILISIERUNG, SUGGESTION und MERGING setzt, lässt er sich nicht nur hinsichtlich der Faktenlage lesen, die er verletzt, sondern auch hinsichtlich der *Techniken und Strategien*, die er verwendet und verfolgt.

Und wenn ein Fake PUBLIZITÄT und IDENTIFIKATION erzielt, lässt er sich befragen nach den *Echoräumen*, in denen er widerhallt.

Dass Faktenchecks unerlässlich sind, steht außer Frage. Auch soll es keineswegs darum gehen, ›Verständnis‹ für diejenigen zu schaffen, die mit Fakes ›bewusstfalsche‹ Informationen verbreiten und damit politisch zwielichtige oder gar kriminelle Absichten verfolgen. Vielmehr geht es um die Einsicht, dass Faktenchecks im Umgang mit Fakes nur Symptome bekämpfen: Sie versuchen aus der Welt zu schaffen, was dort längst angekommen ist. Und es geht um die Einsicht, dass es in Ergänzung dazu eine zweite Perspektive braucht, die den Fokus auf die Faktizität um den Aspekt der Fiktionalität erweitert – in der Auffächerung, wie sie hier versucht wurde und die sich sicher noch ergänzen ließe.

*

Was verrät ein Fake? Es geht mit einem Wort darum, im Umgang mit Fakes das Verb *verraten* in einem doppelten Sinne zu lesen. *Was verrät ein Fake?* im Sinne von: Welche Sachlage verletzt er, gegen welche Fakten verstößt er? Aber eben auch

Was verrät ein Fake? im Sinne von: Was gibt er preis über sich selbst sowie die Mechanismen und Strategien, denen er sich verdankt? Wenn der Fake zwei Seiten hat, so erfordert er auch den doppelten Blick.

Anmerkungen

Motto S. 5: Dorothee Elmiger: Schlafgänger. Roman,
© 2014 DuMont Buchverlag GmbH & Co. KG, Köln, S. 18.

1 http://factitious.augamestudio.com.

2 Die Übersetzung stammt von mir. Die Meldung auf *Factitious* im Original: »President Trump has been gelded and is now Fake News according to South African horse racing's ruling body. President Trump, a racehorse in South Africa, turned out not to be fit for racing, said his trainer Justin Snaith. ›President Trump was very vocal and would not focus on his work. I found him to be extremely stubborn. I considered blinkers and a tongue-tie but he was so unmanageable that I had no option but to geld him.‹ Three days after President Trump had been gelded, the National Horseracing Authority decided it should demand the name be changed. His new name is Fake News.« (Der Referenzartikel findet sich unter https://www.racingpost.com/news/problematic-president-trump-becomes-fake-news/279824, zuletzt abgerufen am 10.10.2018.)

3 Unter »About us« findet sich die Selbstbeschreibung: »THE ADOBO CHRONICLES is your source of up-to-date, unbelievable news. Everything you read on this site is based on fact, except for the lies.« (https://adobochronicles.com/about/, zuletzt abgerufen am 10.10.2018)

4 Siehe stellvertretend für viele andere die ZEIT-Serie »Fakt oder Fake« (http://www.zeit.de/serie/fakt-oder-fake, abgerufen am 31.07.2017) oder Ute Schaeffer, Fake statt Fakt. Wie Populisten, Bots und Trolle unsere Demokratie angreifen, München: dtv 2018.

5 In der neusten Auflage des Duden ist der Eintrag um die »Fake News« ergänzt worden: »Fake [fɛɪ̯k], der *od.* das; -s, -s <engl.> (*ugs. für* Fälschung, Betrug, Schwindel); fa | ken [ˈfɛɪ̯kn̩] (*ugs. für* fälschen); gefakte Informationen; Fake News, Fake-News, Fake | news [ˈfɛɪ̯k(ˈ)

nju:s] *Plur.* <engl.> (in den Medien u. im Internet, bes. in den Social Media, in manipulativer Absicht verbreitete Falschmeldungen)« (Duden, Bd. 1, 27. Aufl., Berlin: Dudenverlag 2017, S. 428).

6 Vgl. Stefan Römer, Künstlerische Strategien des Fake. Kritik von Original und Fälschung, Köln: DuMont 2001, S. 14.

7 The Oxford English Dictionary (= OED), Second Edition, Oxford: Clarendon Press 1989, Bd. 5, S. 681. »Du.« ist die Abkürzung für »Dutch«, »LG.« für »Low German«. Die Übersetzung stammt von mir. – Dieser Herleitung schließen sich auch andere Wörterbücher an, etwa der Green's Dictionary of Slang, London: Chambers 2010, Bd. 2, S. 19.

8 Jacob und Wilhelm Grimm, Deutsches Wörterbuch, München: dtv 1991, Bd. 3, Sp. 1412.

9 Ebd., Bd. 4, Sp. 385 ff.

10 Manfred Geier, Fake. Leben in künstlichen Welten. Mythos – Literatur – Wissenschaft, Reinbek bei Hamburg: Rowohlt 1999, S. 9.

11 OED, Bd. 5, S. 653.

12 Martin Doll, Fälschung und Fake. Zur diskurskritischen Dimension des Täuschens, Berlin: Kadmos 2015 ([1]2012), S. 24. – Auch Anne Zimmermanns kunstpädagogische Studie: Fake Kunst Bildung. Die künstlerische Strategie Fake aus kunstpädagogischer Perspektive, beginnt mit dem Satz bzw. der Setzung: »Fake – eine Täuschung, deren Aufdeckung beabsichtigt ist – ist der Gegenstand dieser Untersuchung […]« (München: kopaed 2014, S. 7).

13 Peter Bichsel, Kindergeschichten, Neuwied, Berlin: Luchterhand 1969, S. 36.

14 Ebd., S. 45.

15 Ebd., S. 46 f.

16 Ebd., S. 47 f.

17 Aristoteles, Poetik, griech./dt., übers. und hrsg. von Manfred Fuhrmann, Stuttgart: Reclam 1982, S. 29.

18 Ebd.

19 Ebd., S. 93.

20 »Das Unmögliche, das wahrscheinlich ist, verdient den Vorzug vor dem Möglichen, das unglaubwürdig ist.« (Ebd., S. 83/85)

21 Ebd., S. 31.

22 Zu dieser Begrifflichkeit vgl. Gérard Genette, Fiktionale Erzählung, faktuale Erzählung, in: Fiktion und Diktion, übers. von Heinz

Jatho, München: Fink 1992, S. 65–94. Genettes Studie, die für die Unterscheidung zwischen »récit fictionnel« und »récit factuel« wegweisend war, erschien im französischen Original 1991.

23 Vgl. dazu Christian Klein und Matías Martínez (Hrsg.), Wirklichkeitserzählungen. Felder, Formen und Funktionen nicht-literarischen Erzählens, Stuttgart, Weimar: Metzler 2009.

24 Für eine allgemeine Erzähltheorie, die über die Literatur hinausgeht, vgl. Albrecht Koschorke, Wahrheit und Erfindung. Grundzüge einer Allgemeinen Erzähltheorie, Frankfurt/M.: S. Fischer 2012.

25 Vgl. dazu beispielsweise Jean-Marie Schaeffer, Fictional vs. Factual Narration, in: Handbook of Narratology, hrsg. von Peter Hühn, Jan Christoph Meister, John Pier und Wolf Schmid, Berlin, Boston: de Gruyter [2]2014, Bd. 1, S. 179–196, hier S. 179 f.

26 Eine gute Einführung in die Grundzüge der Problematik gibt Jochen Vogt, Grundlagen narrativer Texte, in: Grundzüge der Literaturwissenschaft, hrsg. von Heinz Ludwig Arnold und Heinrich Detering, München: dtv 1996, S. 287–307, hier S. 293–296.

27 Vgl. Käte Hamburger, Die Logik der Dichtung, Stuttgart: Ernst Klett [2]1968, S. 56 ff.

28 Matías Martínez und Michael Scheffel, Einführung in die Erzähltheorie, München: Beck [10]2016, S. 18 f.

29 Für die theoretische Diskussion, durch welche Signale Texte immanent ihre Fiktionalität markieren können, vgl. Frank Zipfel, Fiktionssignale, in: Fiktionalität. Ein interdisziplinäres Handbuch, hrsg. von Tobias Klauk und Tilmann Köppe, Berlin, Boston: de Gruyter 2014, S. 97–124.

30 Vgl. Martínez/Scheffel 2016, S. 12.

31 Wolfgang Hildesheimer, Mozart, Frankfurt/M.: Suhrkamp 1977, S. 10.

32 Wolfgang Hildesheimer, Marbot. Eine Biographie, Frankfurt/M.: Suhrkamp 1981, S. 267.

33 DER SPIEGEL 1/1982, S. 109.

34 Hildesheimer hat sich wenig später in einer Rede zu seiner ›Fälschung‹ bekannt (vgl. Wolfgang Hildesheimer, Arbeitsprotokolle des Verfahrens »Marbot«, in: Das Ende der Fiktionen. Reden aus fünfundzwanzig Jahren, Frankfurt/M.: Suhrkamp 1984, S. 139–150).

35 Ebd., S. 148.

36 Zu dieser Unterscheidung vgl. Jürgen H. Petersen, Fiktionalität und Ästhetik. Eine Philosophie der Dichtung, Berlin: Erich Schmidt 1996, S. 31.

37 Der Begriff wurde eingeführt von Roberto Bui alias Wu Ming 1, um Texte der *New Italian Epic* (Turin: Einaudi 2009) beschreibbar zu machen, die u. a. die Grenzen zwischen *fiction* und *non-fiction* unterlaufen (siehe Kapitel VIII).

38 Schaeffer 2014, S. 182: »to induce willfully false beliefs, one must hold at least some correct beliefs concerning the state of affairs about which false beliefs are to be produced, for otherwise the result of willful deception will be haphazard.« Die Übersetzung stammt von mir.

39 Vgl. schon Lutz Koch, Versuch über Plausibilität, in: Rhetorik – Argumentation – Geltung, hrsg. von Andreas Dörpinghaus und Karl Helmer, Würzburg: Königshausen & Neumann 2002, S. 193–204, hier S. 194, und auch noch Simone Winko, Zur Plausibilität als Beurteilungskriterium literaturwissenschaftlicher Interpretationen, in: Theorien, Methoden und Praktiken des Interpretierens, hrsg. von Andrea Albrecht, Lutz Danneberg, Olav Krämer und Carlos Spoerhase, Berlin, München, Boston: de Gruyter 2015, S. 483–511, hier S. 487.

40 Friedrich Kluge, Etymologisches Wörterbuch der deutschen Sprache, bearb. von Elmar Seebold, Berlin, New York: de Gruyter ^{23}1995, S. 636.

41 Historisches Wörterbuch der Rhetorik (= HWRh), hrsg. von Gert Ueding, Tübingen: Niemeyer 1992–2015, Bd. 6, Sp. 1282.

42 Johann Wolfgang Goethe, Sämtliche Werke. Briefe, Tagebücher und Gespräche, hrsg. von Friedmar Apel et al., Frankfurt/M.: Deutscher Klassiker Verlag 1993, I. Abt., Bd. 13, S. 253 (*2.115.3./Nr. 1298). Ob es sich bei diesem Satz um ein Fremd- oder um ein Selbstzitat Goethes handelt, ist bislang ungeklärt.

43 NZZ, 13.03.2015, S. 49. Die Übersetzung stammt von Ernest Wichner.

44 Vgl. dazu Bernhard Pörksen, Die große Gereiztheit. Wege aus der kollektiven Erregung, München: Hanser 2018, S. 47.

45 Marcus Fabius Quintilianus, Ausbildung des Redners/Institutionis oratoriae libri XII, lat./dt., hrsg. und übers. von Helmut Rahn, Darmstadt: Wissenschaftliche Buchgesellschaft 1995, Bd. 2, S. 274 f. (IX, 2, 15).

46 Zur Suggestion in diesen und weiteren Kontexten sowie zum Freud-Zitat vgl. Historisches Wörterbuch der Philosophie, hrsg. von Joachim Ritter, Karlfried Gründer und Gottfried Gabriel, Basel: Schwabe 1971–2007, Bd. 10, Sp. 581–588, hier Sp. 582.

47 Vgl. dazu auch HWRh, Bd. 9, Sp. 258.

48 Ebd.

49 Ebd., S. 259.

50 Susan Sontag, Über Fotografie, übers. von Mark W. Rien und Gertrud Baruch, München, Wien: Hanser 1978, S. 22.

51 Metzler Lexikon Literatur, begr. von Günther und Irmgard Schweikle, hrsg. von Dieter Burdorf, Christoph Fasbender und Burkhard Moennighoff, Stuttgart, Weimar: Metzler [3]2007, S. 339.

52 Vgl. dazu Hans Robert Jauß, Ästhetische Erfahrung und literarische Hermeneutik, Frankfurt/M.: Suhrkamp 1982, S. 244–292.

53 Webster's New Explorer Encyclopedic Dictionary, Created in Cooperation with the Editors of Merriam-Webster, Springfield/Mass.: Federal Street Press 2006, S. 1145.

54 Hermann Burger, Die allmähliche Verfertigung der Idee beim Schreiben. Frankfurter Poetik-Vorlesung, in: Werke in acht Bänden, hrsg. von Simon Zumsteg, München, Zürich: Nagel & Kimche 2014, Bd. 8, S. 69.

55 Hermann Burger, Schilten. Schulbericht zuhanden der Inspektorenkonferenz, in: Werke, Bd. 4, S. 226 f.

56 Vgl. ebd., S. 248.

57 FAZ, 19.09.2012.

58 Clemens J. Setz, Indigo. Roman, Berlin: Suhrkamp 2012, S. 2.

59 Ebd., S. 15.

60 Ebd., S. 81 (bei Hebel S. 335).

61 Ebd., S. 157 f.

62 Ebd., S. 159.

63 https://www.wumingfoundation.com/english/outtakes/NIE_have_to_be_the_parents.htm, zuletzt abgerufen am 29.10.2018.

64 Die Übersetzung stammt von mir. Im Original: »Source: *The Racing Post*. The Racing Post is British horseracing news site. You can gamble that it is credible.«

65 Beide sind entlehnt »aus l[ateinisch] *auctor* [...] ›Urheber, Gründer‹, einem Nomen agentis zu l[ateinisch] *augēre (auctum)* ›vermehren, fördern‹«. *Autorisieren* heißt insofern »mit dem Recht des Autors

ausstatten«, *Autorität*, was das »Ansehen des Urhebers« genießt (Kluge, Etymologisches Wörterbuch der deutschen Sprache, S. 69).

66 Michael Köhlmeier leugnet diesen Zusammenhang zwar im Gespräch mit Margit Geyer, gibt ihn in seinem Nachwort aber ausdrücklich zu (vgl. Martin Schneitewind, An den Mauern des Paradieses, aus dem Französischen von Raoul Schrott, mit einem Nachwort von Michael Köhlmeier, München: dtv 2019, S. 372 f.).

67 Ebd., S. 368.

68 Ebd., S. 369.

69 Ebd., S. 378.

70 Ebd., S. 370.

71 Ebd., S. 368.

72 DIE ZEIT, 43/1963.

73 Hans Traxler, Die Wahrheit über Hänsel und Gretel. Die Dokumentation des Märchens der Brüder Grimm. Mit Fotografien von Peter von Tresckow und Wilkin H. Spitta, Stuttgart: Reclam 2007, S. 19.

74 Ebd., S. 20.

75 Ebd., S. 17.

76 Jacob und Wilhelm Grimm, Kinder- und Hausmärchen, gesammelt durch die Brüder Grimm. Vollständige Ausgabe auf der Grundlage der dritten Auflage (1837), hrsg. von Heinz Rölleke, Frankfurt/M.: Deutscher Klassiker Verlag 1985, S. 87.

77 Traxler, Die Wahrheit über Hänsel und Gretel, S. 30.

78 Grimm, Kinder- und Hausmärchen, S. 88.

79 Ebd., S. 90.

80 Traxler, Die Wahrheit über Hänsel und Gretel, S. 70.

81 Ebd., S. 90.

82 Ebd., S. 140.

83 Ebd., S. 131 und 134.

84 Ebd., S. 27.

85 Ebd., S. 25.

86 Ebd., S. 21.

87 Ebd., S. 69.

88 Hans Vaihinger, Die Philosophie des Als Ob. System der theoretischen, praktischen und religiösen Fiktionen der Menschheit auf Grund eines idealistischen Positivismus. Mit einem Anhang über Kant und Nietzsche, Leipzig: Felix Meiner [7/8]1922, S. XII.

89 Ebd.

90 Ebd., S. 129.
91 Ebd., S. 175.
92 Ebd., S. 130.
93 Ebd., S. 143.